# Das neue Handbuch zur intellektuellen Selbstverteidigung

# Das NEUE Handbuch zur

## *intellektuellen* Selbstverteidigung

### Zehn beliebte wirtschaftspolitische Mythen im Stresstest

Herausgegeben von

**Agenda Austria**

Erschienen im

Verlag für moderne Kunst

# Inhalt

# Warum dieses Buch?

Wer regelmäßig österreichische Medien konsumiert und hin und wieder durch die Buchhandlungen schlendert, der weiß: Es ist verdammt schlecht um diese Welt bestellt. Selbst in bürgerlichen Zirkeln gehört es mittlerweile zu den wissenschaftlich gesicherten Befunden, dass die Armen immer ärmer werden, während die Reichen nicht mehr wissen, wie sie die Türen ihrer prall gefüllten Geldspeicher zukriegen. Diese unerfreuliche Entwicklung ist natürlich kein Zufall, sie wird gesteuert. Nach den Hintermännern muss auch nicht lange gesucht werden, es gibt schließlich nur einen: den Kapitalismus, der auch unter dem Decknamen „Marktwirtschaft" sein Unwesen treibt. Dass er nicht längst hinter Schloss und Riegel ist, zeigt nur seine unheimliche Macht. Wer bei einer Tischgesellschaft den Applaus aller Anwesenden sucht, hat dementsprechend leichtes Spiel.

**Nun wusste schon Albert Einstein, dass es schwieriger ist, eine vorgefasste Meinung zu zertrümmern als ein Atom.**

Er muss nur das Versagen des freien Marktes beklagen und dafür plädieren, den Kapitalismus endlich in die Schranken zu weisen. Der Markt sorge dafür, dass von unten nach oben umverteilt werde und sich die Jungen nichts mehr aufbauen können. Zu den unverzichtbaren Argumenten gehört auch der Hinweis, dass Bildung in Österreich noch immer vererbt werde und der Freihandel nur den Großkonzernen helfe, die Ärmsten der Armen auszubeuten, um die ohnehin schon unverschämten Profite weiter zu erhöhen. Es verstehe sich deshalb von selbst, dass die neoliberale Doktrin eine Erfindung der Reichen zur Unterdrückung der breiten Masse darstelle. Und wer sich für Steuersenkungen ausspricht, verfolge damit nur das Ziel, den Sozialstaat finanziell ausbluten zu lassen.

Wir wissen mittlerweile auch, dass der Klimawandel nur mit einem Systemwechsel und knallharter Askese in den Griff zu kriegen sei. So wie wir überzeugt sind, dass es in Zeiten grassierenden Arbeitskräftemangels und explodierender Lohnstückkosten nur eine Lösung gebe: die Verkürzung der Arbeitszeit auf 32 Stunden bei vollem Lohnausgleich. Das erhöhe nicht nur die Zufriedenheit der Beschäftigten, sondern auch den Wohlstand der gesamten Bevölkerung. Wir sollten uns nur damit beeilen, bevor uns die Digitalisierung die Arbeit raubt. Nun wusste schon Albert Einstein, dass es schwieriger ist, eine vorgefasste Meinung zu zertrümmern als ein Atom.

**Wir wollen jenen Menschen, die nicht alles glauben, was sie hören, das nötige Rüstzeug für hitzige Debatten mit ihren wissenden Freunden und Bekannten mit auf den Weg geben.**

Wir von der Agenda Austria versuchen es trotzdem. Mit diesem „Handbuch zur intellektuellen Selbstverteidigung" wollen wir überzeugten Kritikern des freien Marktes die Möglichkeit geben, ihre eigenen Thesen einer intellektuellen Belastungsprobe zu unterziehen. Und wir wollen jenen Menschen, die nicht alles glauben, was sie hören, das nötige Rüstzeug für hitzige Debatten mit ihren wissenden Freunden und Bekannten mit auf den Weg geben.

In der Hoffnung, dass Sie Freude mit diesem Buch haben, viel Neues entdecken und der eine oder andere von Ihnen gehegte Verdacht auch bestätigt wird, wünsche ich Ihnen eine erhellende Lektüre!

Ihr Franz Schellhorn
Direktor der Agenda Austria*

---

* des ersten (und bis heute einzigen) von Staat, Parteien, Kammern und Interessenverbänden unabhängigen Thinktanks Österreichs

# #1

---

# „Nur Verzicht kann das Klima noch retten.“

---

## MYTHOS

Flugreisen, privater Pkw, Schnitzel auf dem Teller: Das geht alles nicht mehr. Der Kampf gegen den Klimawandel kann nur gelingen, wenn jeder Einzelne Verzicht übt. Leichter fällt die Askese, wenn der freie Markt eingeschränkt wird.

---

## REALITÄT

Individuelle Opferbereitschaft bringt wenig. Im Kampf gegen die Erderwärmung ist der Markt nicht Gegner, sondern Komplize. Er fördert Innovationen und macht Emissionen teurer.

**Carmen Treml**

# Nur Verzicht kann das Klima noch retten.

Urlaubsfotos sind beliebt in den sozialen Medien. Aber eine gewisse Vorsicht ist heutzutage angebracht. Wer Bilder von einem Ferienziel postet, das nur mit dem Flugzeug zu erreichen ist, kann sich statt Bewunderung und Neid einen Shitstorm einhandeln. Das Gleiche gilt für Liveberichte vom Abendessen im Restaurant – *„Rindfleisch aus Argentinien, bist du verrückt?"* – oder der via Facebook geteilten Freude über das neue Auto – *„Ein Diesel-SUV – musste das wirklich sein?"*.

In gewissen Kreisen hat sich die Überzeugung durchgesetzt, dass der Klimawandel nur aufzuhalten sein wird, wenn jeder Einzelne von uns Verzicht übt. Seit (ausgerechnet!) der Erdölkonzern BP das Konzept des ökologischen Fußabdrucks etablierte, herrscht eine Art Wettbewerb um die schonendste Art, diesen Planeten zu bewohnen.

Das Fahrrad ist besser als das Auto, Gemüse besser als Fleisch, ein Stoffsackerl besser als Plastik und so weiter.

Überflüssig zu erwähnen, dass in dieser Debatte ordentlich getrickst und geschummelt wird. Denn natürlich sind es immer die anderen, die alles falsch machen. Man selbst hat meistens eine gute Ausrede dafür, dass es in der Wohnung 25 Grad haben und das Mineralwasser aus Frankreich kommen muss. Zum Glück setzt Doppelmoral keine schädlichen Emissionen frei, sonst wäre allein die Debatte über Schuld und Sühne ein echter Klimakiller.

**Natürlich sind es immer die anderen,
die alles falsch machen.**

In Umfragen kommt stets heraus, dass eine überwältigende Mehrheit der Menschen den Klimawandel für ein ernsthaftes Problem hält. Das Gros der Bürger findet auch, die Politik müsse endlich handeln. Auf die angenehmen und schönen Dinge des Lebens verzichten wollen aber letztlich nur sehr wenige. Wenn keiner zuschaut, bleiben wir doch lieber bei den alten Gewohnheiten. Und natürlich hat die Opferbereitschaft auch eine soziale Dimension: Wer früher dreimal im Jahr zum Shoppen nach New York geflogen ist, kann dem guten Gewissen zuliebe relativ leicht auf einen dieser Ausflüge verzichten. Wer sich nur einmal im Jahr all-inclusive auf den Balearen leisten kann, hat deutlich weniger Verhandlungsmasse.

# Markt oder Moral?

Vielleicht sollten wir zuerst einmal die Frage klären, ob es überhaupt etwas bringt, einander permanent ein schlechtes Gewissen einzureden. Lässt sich die Welt retten, indem die Bewohner reicher Länder wie Österreich und Deutschland ein wenig kürzertreten? Nein, so einfach ist es leider nicht. Das Klima vergibt ja keine Pluspunkte für rücksichtsvolles Verhalten und revanchiert sich dann mit einer sachten Abkühlung. Was zählt, ist alleine die Menge der globalen Emissionen. Und diese lassen sich nicht durch moralische Appelle senken, sondern am besten und effizientesten durch Marktwirtschaft. Umweltschädliches Verhalten sollte mehr kosten als der schonende Umgang mit Ressourcen. Der Preis muss dabei nicht möglichst hoch sein. Um eine lenkende Wirkung zu erzielen, genügt es, wenn unerwünschte Aktivitäten geringfügig teurer sind als erwünschte. Dann sorgt der Markt von ganz alleine dafür, dass die Menschen das Richtige tun.

Zum Glück gibt es das passende System bereits: Die EU hat – wenn auch mit großen Anlaufschwierigkeiten – seit 2005 das Emissionshandelssystem EU-ETS etabliert. Für jede Tonne $CO_2$ muss seither in den umfassten Sektoren ein Zertifikat verbraucht werden. Die Obergrenze ist fix vorgegeben und wird immer weiter zurückgefahren, um die Klimaziele zu erreichen. Letztere sind bekanntlich ambitioniert: Mit dem Pariser Abkommen von 2015 einigten sich 197 Staaten auf das Ziel, die Erderwärmung auf 1,5 Grad im Vergleich zum vorindustriellen Niveau zu begrenzen. Bis 2050 will die EU klimaneutral werden. Um das zu erreichen, müssen die Nettoemissionen bis 2030 um mehr als 60 Prozent sinken.

Der Preis für die $CO_2$-Zertifikate entwickelt sich mit der Nachfrage am Markt. Aktuell schwankt er um die 100 Euro pro Tonne. Das EU-ETS bringt sehr viel Geld ein, während andere Optionen der Politik nur Geld kosten. Durch den Emissionshandel kann nicht nur die Menge der schädlichen Gase reduziert werden. Das System schafft zudem Anreize, innovative und klimafreundliche Produktionsmöglichkeiten weiterzuentwickeln. Nebenbei wird also auch noch die technologische Weiterentwicklung gefördert (Calel & Dechezleprêtre, 2016).

In nächster Zukunft wird es darum gehen, die verschiedenen Systeme der $CO_2$-Bepreisung sinnvoll zusammenzuführen und möglichst alle relevanten Sektoren zu integrieren. Während zu Beginn nur die Bereiche Energie und Industrie umfasst waren, wurde das EU-ETS bereits in mehreren Schritten erweitert – beispielsweise um den europäischen Flugverkehr. Der Straßenverkehr und die Gebäude sollen 2027 dazukommen. Die Gefahr, dass einzelne Unternehmen das ETS umgehen

und schmutzige Produktionsprozesse einfach in Dritt-
staaten auslagern, ist durch einen Grenzausgleichsme-
chanismus (CBAM) gebannt. Diverse Fonds sind dabei
behilflich, die Entwicklung erneuerbarer Energien zu
fördern, und stellen finanzielle Mittel für den sozialen
Ausgleich zur Verfügung.

**Das EU-ETS bringt sehr viel Geld
ein, während andere Optionen der
Politik nur Geld kosten.**

Sie fragen sich, warum dieses durchdachte System deutlich seltener zur Sprache kommt als die vermeintliche
Notwendigkeit des persönlichen Verzichts? Das könnte daran liegen, dass viele Klimaschützer nicht nur der
Umweltverschmutzung den Kampf angesagt haben,
sondern auch dem Kapitalismus. „System change, not
climate change" lautet bekanntlich einer der geläufigs-
ten Slogans in der Szene. Der freie Markt gilt in diesen
Kreisen als Verursacher sämtlicher Probleme und muss
entsprechend bekämpft werden. Das funktioniert besonders gut, indem wir einander Schuldgefühle wegen
ganz normalen Konsums einreden.

Noch besser wären natürlich Verbote und eine harte
politische Hand, glauben die rabiaten Aktivisten. Ziel
ist eine Art Klima-Planwirtschaft, in der vom Staat entschieden wird, was die Menschen kaufen und wie sie

leben sollen. Abgesehen von den demokratiepolitisch höchst bedenklichen Aspekten dieses Programms wäre damit niemandem geholfen. Solche Verbote sind ineffizient und führen zu hohen ökonomischen Kosten. Das Hauptproblem ist aber, dass man damit unter Umständen technologische Entwicklungen bremsen oder unmöglich machen würde, die entscheidend dazu beitragen können, den Klimawandel zu bremsen. Niemand kann heute wissen, welche Lösungen vielleicht schon morgen gefunden werden. Den Staat oder ein paar Klimaaktivisten Gott spielen zu lassen, wäre schlicht ein zu großes Risiko.

## Sie dürfen natürlich trotzdem verzichten

Hilft es also gar nicht, hin und wieder dem Planeten zuliebe auf etwas zu verzichten? Doch, ein wenig schon. Bei acht Milliarden Menschen auf der Welt hat individuelles Wohlverhalten zwar keine unmittelbaren Auswirkungen. Aber indirekt kann man als Konsument einiges in Bewegung bringen. Je umweltbewusster die Kunden sind, umso mehr Anstrengungen müssen auch die Hersteller unternehmen.

Geht die Nachfrage nach besonders umweltschädlichen Produkten und Dienstleistungen zurück, wird auch das Angebot kleiner. So funktioniert der Kapitalismus. Deshalb wäre es gescheit, den Markt beim Klimaschutz nicht als Gegner zu betrachten, sondern als Komplizen.

**Niemand kann heute wissen, welche Lösungen vielleicht schon morgen gefunden werden. Den Staat oder ein paar Klimaaktivisten Gott spielen zu lassen, wäre schlicht ein zu großes Risiko.**

Haben Sie diesen Sommer eine Flugreise gemacht? Falls ja, lassen Sie sich deswegen bloß kein schlechtes Gewissen einreden. Davon hat das Klima nämlich gar nichts.

---

# 2

# „Weniger arbeiten hilft gegen den Arbeitskräftemangel."

---

Weniger arbeiten wäre doch schön!
Wir wären alle ausgeglichener, motivierter und würden in kürzerer Zeit sogar
mehr schaffen. Deshalb ist es höchste
Zeit für eine gesetzliche Arbeitszeitverkürzung.

---

**REALITÄT**

Weniger arbeiten ist in Österreich
längst Realität. Die Zahl der
geleisteten Stunden stagniert,
obwohl immer mehr Menschen einen
Job haben. Gut, dass der Arbeitsmarkt so flexibel ist. Staatlich
verordnete Kurzarbeit würde dem
Land aber schaden.

**Dénes Kucsera**

# Weniger arbeiten hilft gegen den Arbeitskräftemangel.

Stellen Sie sich vor, Sie müssten weniger arbeiten und bekämen dafür das gleiche Gehalt. Sie hätten mehr Zeit für sich, die Familie, Hobbys oder einfach nur dafür, die Batterien wieder aufzuladen. Sie wären motivierter und produktiver. Für das Unternehmen entstünden keine zusätzlichen Kosten. Mehr Menschen würden sich dann wieder für Arbeit entscheiden, sodass sich sogar der Mangel an Arbeitskräften beheben ließe. Klingt zu schön, um wahr zu sein? Ist es auch. Aber schauen wir, ob wir ein Fünkchen Wahrheit finden können.

Weniger arbeiten ist in Österreich längst Realität. Schon seit vielen Jahren kommen wir immer seltener aus der Hängematte. Die Beschäftigungsrekorde, die ein Arbeitsminister nach dem anderen verkündet, sind trügerisch. Obwohl die Bevölkerung des Landes in den letzten 30 Jahren um mehr als eine Million Menschen gewachsen ist, verharrt die Zahl der Vollzeitbeschäftigten seither konstant bei rund drei Millionen. Zwar gehen immer mehr Leute einer Beschäftigung nach, aber sie arbeiten immer kürzer. Mit jährlich 1.442 Arbeitsstunden je Beschäftigungsverhältnis liegen nur noch vier EU-Länder hinter Österreich.

## Ist (noch) weniger mehr?

Die Realität ist der Politik also – wie so oft – weit voraus. Bei allen Problemen, die aus einer Arbeitszeitverkürzung für die Zukunft entstehen können, ist das erst einmal eine positive Nachricht. Viele haben mittlerweile ein Wohlstandsniveau erreicht, bei dem sie auf Arbeitszeit verzichten können. Weniger arbeiten ist schließlich auch eine Form von Luxus.

Den Gesetzgeber hat es dafür gar nicht gebraucht. Die Menschen haben selbst entschieden, was ihnen wichtiger ist: mehr Geld oder mehr Freizeit. Die Arbeitsmärkte sind diesbezüglich flexibler geworden und ähneln heute ironischerweise der neoklassischen Idee eines Arbeitsmarktes mehr als je zuvor. In den verstaubten Lehrbüchern entscheiden nämlich die Haushalte ganz individuell, wie viele Arbeitsstunden sie den Unternehmen pro Woche zur Verfügung stellen wollen. Damit maximieren sie ihren Nutzen, der ja nicht nur durch Konsum erhöht werden kann, sondern auch durch mehr Freizeit. Doch lange Zeit war das natürlich nicht die Realität. Ein Job bedeutete 40 Stunden hackeln pro Woche. Für alle. In der aktuellen Arbeitskräfteerhebung des Mikrozensus haben die Befragten aber offenbart, dass sie im Mittel nur 34,9 Stunden pro Woche arbeiten möchten.

## Arbeitsstunden pro Woche

| 40 h | 34,9 h | 32 h |
|---|---|---|
| Normal-arbeitszeit | wünschen sich Befragte der Arbeitskräfteerhebung des Mikrozensus | gefordert von der SPÖ |

Doch für Politiker sind die Wünsche der Menschen sekundär. Dass wir im Schnitt 35 Stunden arbeiten wollen, interessiert die SPÖ und ihre Vorfeldorganisationen, die seit Monaten die 32-Stunden-Woche von den Dächern trompeten, herzlich wenig.

**Weniger arbeiten ist schließlich auch eine Form von Luxus.**

Dabei zeigt eine Studie im Auftrag der Arbeiterkammer, dass eine Arbeitszeitverkürzung jedenfalls Wohlstand kosten und selbst bei vollem Lohnausgleich zu Realeinkommensverlusten führen würde. Entwickelt sich so ein Trend über Jahre hinweg, dann könnte das durch Produktivitätssteigerungen immerhin abgefangen und in den Lohnverhandlungen berücksichtigt werden. Führt man so eine drastische Verkürzung allerdings auf einen Schlag und auch noch in Zeiten hoher Inflation ein, dann lassen sich die Effekte nicht so einfach abfedern. In der aktuellen Situation könnten die Arbeitskosten der Unternehmen binnen drei Jahren um die Hälfte steigen. Um das abzufedern, müsste die Produktivität auf einen Schlag so stark steigen wie in den letzten 20 Jahren zusammen. Das dürfte schwierig werden.

## Wie geht nun die Rechnung auf?

Wenn wir weniger arbeiten wollen, aber nicht im selben Umfang produktiver werden können, dann müssen eben mehr von uns arbeiten. Solange es keine gesetzliche Vorschrift gibt, könnten Unternehmen ja mit kürzeren Arbeitszeiten um Fachkräfte werben und so attraktiver sein als die Konkurrenz. Doch woher sollen die zusätzlichen Leute kommen? Wer soll am Freitag die Arbeit fertigmachen, die wir Donnerstagabend haben liegen lassen? Es fehlt ja bereits heute allerorts an Köchen, Kellnern, Handwerkern, Lehrern, Pflegern und Ärzten. Vieles deutet darauf hin, dass dieser Trend durch die demografische Entwicklung zunehmen wird. Arbeitszeit und Produktivität werden also die einzigen Stellschrauben sein, die uns mittelfristig zur Verfügung stehen.

> **Die Sozialsysteme sind so gestrickt, dass sie kippen, wenn jeder nur noch das Allernötigste beitragen, sich im Fall der Fälle aber trotzdem auf die Allgemeinheit verlassen will.**

Es spricht nichts dagegen, dass Unternehmen freiwillig die Arbeitszeit ihrer Mitarbeiter verkürzen. Hierfür gibt es immer wieder gute Beispiele. Und Menschen sollen immer für sich entscheiden dürfen, mehr Freizeit zu haben. Wenn wir als Gesellschaft dafür aber auch noch Anreize setzen wollen, dann müssen wir uns kritische Fragen stellen. Die Sozialsysteme sind nämlich so gestrickt, dass sie kippen, wenn jeder nur noch das Allernötigste beitragen, sich im Fall der Fälle aber trotzdem auf die Allgemeinheit verlassen will. Wer willens ist, Vollzeit zu arbeiten, sollte daher einen deutlichen finanziellen Vorteil daraus ziehen können, damit man bereit ist, mehr ins System einzuzahlen. Phantastereien von Vermögensteuern oder Maschinensteuern können die Lücken nämlich niemals stopfen. Oder um es mit den Worten des Sozialexperten Bernd Marin zu sagen: Jeder hat ein Recht auf Faulheit – aber auf eigene Kosten.

# #3

---

# „Der freie Markt ist ständig in der Krise."

---

## MYTHOS

Marktwirtschaft macht nur Probleme.
Mit diesem System stolpern wir von
einer Krise in die nächste, bis irgendwann alles unrettbar kollabieren wird.
Nur wo der Staat die Wirtschaft steuert,
herrscht Stabilität.

---

## REALITÄT

Freie Märkte sind extrem
flexibel und können sich immer
wieder neu organisieren.
Natürlich gibt es noch Krisen,
doch sie bringen nicht mehr
wie früher Tod und Verderben.
Höchstens Kurzarbeit.

Jan Kluge

# Der freie Markt ist ständig in der Krise.

Wenn die Dinge mal nicht gut laufen, muss ein Schuldiger her. Am besten einer, der keine Widerworte gibt und zugleich so unbeliebt und abstrakt ist, dass man sich nicht die Mühe zu machen braucht, die Schuldzuweisungen ernstlich zu begründen. Ein Sündenbock mit breiten Schultern, an dem man sich unendlich abarbeiten kann und der geduldig für jedes Problem zur Verfügung steht, ist schnell gefunden: der freie Markt. Gegen diesen schrecklichen Feind kann man jederzeit ausreiten. Sie verdienen zu wenig? Der Markt ist schuld. Die Miete ist zu hoch? Der Markt ist schuld. Die Cornflakes sind schon wieder teurer? Markt, Markt, Markt. Der Kapitalismus hoppelt von einer Krise in die nächste und Gewinner sind jedes Mal nur die Reichen.

## Wie das Amen zum Gebet

Dass der Kapitalismus zu Krisen neigt, ist eine Binsenweisheit. Karl Marx war sich noch sicher, dass ungezü-

31

gelte Kapitalakkumulation bei gleichzeitiger Freisetzung immer größerer Teile der ausgebeuteten Arbeiterschaft zu permanenter Überproduktion führen müsse. Die Maschinen rattern und produzieren Güter über Güter, aber da niemand mehr Arbeit hat, sind alle zu arm, um sie zu kaufen. Die resultierenden Wirtschaftskrisen würden zwangsläufig in immer schnellerer Folge kommen und immer tiefer werden, bis das kapitalistische Herrschaftssystem schließlich darunter kollabieren würde. Historisch betrachtet entbehrt das nicht einer gewissen Ironie. Gerade die Planwirtschaften des 20. Jahrhunderts waren es ja, die stoisch auf Halde produzierten, während gleichzeitig viele Güter Mangelware blieben. Die Probleme wurden jahrzehntelang sorgfältig zugedeckt. Ein Sack Kartoffeln kostete in der DDR verlässlich 85 Pfennige und Arbeitslosigkeit war auf dem Papier nicht existent. Doch der große Knall 1989 entlarvte die trügerische Beschaulichkeit. Die folgende sozioökonomische Tristesse dauert zum Teil bis heute an. Wer hat Schuld? Sie ahnen es schon.

Nein, die Marktwirtschaft verfügt keinesfalls über einen Selbstzerstörungsautomatismus, wie Marx dachte. Konjunkturschwankungen gehören freilich dazu, doch dass die Krisen über die Zeit immer häufiger und tiefer werden würden, hat sich nicht bewahrheitet. Eher im Gegenteil, wie der Wirtschaftshistoriker Werner Plumpe (2011) festhält: „[…] *die Konjunkturschwankungen waren offensichtlich die Norm, in der sich die wirt-*

*schaftliche Dynamik des Kapitalismus realisierte und nicht irgendetwas, das man vermeiden sollte oder konnte.*" Die bemerkenswerteste Fähigkeit von Märkten ist gerade die, wirtschaftliche Aktivität immer wieder neu zu organisieren und damit die Aufschwungphasen lang und die Malaisen flach und kurz zu halten. Es ist diese erstaunliche Anpassungsfähigkeit, die dazu beigetragen hat, dass Wirtschaftskrisen mit dem Aufkommen des Kapitalismus kaum noch Hunger und Tod brachten, sondern immer besser verschmerzbar wurden.

Und so zeigt die empirische Literatur auch, dass Rezessionen in Ländern mit höherer wirtschaftlicher Freiheit zwar nicht unbedingt seltener vorkommen als in anderen, da Pandemien, internationale Öl- und Bankenkrisen und andere Ereignisse eben an niemandem spurlos vorbeigehen. Doch die Krisen der Marktwirtschaften sind weniger schwer, weshalb diese schneller aus ihnen herauswachsen können (Bjørnskov, 2016). Über die Zeit entwickelt sich ihr Bruttoinlandsprodukt (BIP) daher deutlich stabiler. Das ist hilfreich, denn große Schwankungen sind Gift für jede wirtschaftliche Entwicklung: Unternehmen verzögern Investitionen, weil sie nicht wissen können, ob sie das Geld je zurückverdienen können (Bernanke, 1983). Haushalte müssen möglichst viel sparen, um sich gegen die ständigen Krisen abzusichern; gerade in armen Ländern fehlen den Menschen dafür aber oft die Mittel und der Zugang zu Finanzdienstleistungen (Banerjee & Duflo, 2007). Die Hoffnung einer Gesellschaft, es morgen besser zu haben als heute, ist unter solchen Umständen jedenfalls extrem brüchig.

Die Marktwirtschaft ist also auch deshalb so erfolgreich, weil sie nicht zu tiefen und lang anhaltenden Krisen neigt, sondern weil sie durch schnelle und dezentrale Neuzuordnung der unterbeschäftigten Produktionsfaktoren ziemlich stabile Rahmenbedingungen schafft. Auch in Österreich können wir uns diesbezüglich kaum beklagen. Das Bruttoinlandsprodukt steigt seit Jahrzehnten wie an der Schnur gezogen. Die einzigen nennenswerten Dellen im realen BIP-Wachstum waren die Finanzkrise im Jahr 2009 und Corona im Jahr 2020. Beides fiel historisch betrachtet aber in die Kategorie Kindergeburtstag: Nach zwei Jahren war das Vorkrisenniveau jeweils wieder erreicht. Um längere Durststrecken in den österreichischen Daten zu finden, müsste man schon tief in die Archive hinuntersteigen.

## Manchmal braucht der Markt Hilfe

Doch der Markt schafft das natürlich nicht ganz allein. Die unsichtbare Hand des Marktes greift gelegentlich nach der sehr sichtbaren Hand der Regierung. Nun sollte man keineswegs den Irrtum begehen und glauben, dass Regierungen Krisen verhindern oder abkürzen können, aber sie können durchaus die konjunkturelle Entwicklung beeinflussen und zumindest die Auswirkungen von Krisen auf die Menschen abfedern. Hier zeigt sich, wie gut Marktwirtschaften – und eben nur sie – mit demokratischen Institutionen kombinierbar sind: Liefen in der Vergangenheit die Dinge aus dem Ruder, musste man Revolutionen anzetteln, Feudalherren aufknüpfen oder greise Apparatschiks in ihre südamerikanischen Altersresidenzen schicken. Heute reicht es aus, der Regierung an der Wahlurne mitzuteilen, dass einem ihre Wirtschaftspolitik missfällt.

Über die Jahrzehnte haben wir dem Staat wichtige Institutionen und Werkzeuge anvertraut. In Boomphasen soll er eine Überhitzung verhindern, indem er beim Staatskonsum auf die Bremse tritt – während eine verantwortungsvolle und unabhängige Zentralbank gleichzeitig die Zinsen erhöht. Das alles soll helfen, plötzliche und verheerende Zusammenbrüche zu verhindern. Ist der Abschwung dann da, wird der Staat versuchen, den Konsum hoch und die Arbeitslosigkeit niedrig zu halten, indem er im Extremfall zum Beispiel Kurzarbeit verordnet oder selbst kräftig investiert und auf Einkaufstour geht, um die Nachfrage zu stützen. Er soll aber den Entdeckungsprozess des Marktes und die Umorganisation der brachliegenden Ressourcen nicht behindern oder gar selbst übernehmen.

Doch allzu oft verfallen Regierungen in die Kommandowirtschaft, sobald der Wind rauer weht. Da die Staatsapparate auch in den freieren Marktwirtschaften dieser Welt in den letzten zwanzig Jahren wieder deutlich angeschwollen sind und die öffentliche Hand vielerorts den Großteil der Wirtschaftsleistung einkassiert,[1] ist der Glaube an die Krisenkompetenz des Staates größer denn je. Gebannt hängen wir an den Lippen von Regierungsvertretern, wenn sie mit sorgenvollen Mienen alle paar Tage vor die Kameras treten und neue Rettungspakete verkünden. Manche Zuschauer hoffen ehrlich auf Besserung; andere sehnen diebisch den endgültigen Zusammenbruch des Kapitalismus herbei. Zuletzt ließ Corona die Herzen altlinker Intellektueller wie Stephan Schulmeister höherschlagen: *„Diese Krise ist das Ende des Neoliberalismus!"*[2]

## Wer versagt hier eigentlich?

Doch wenn der Staat das Ruder an sich reißt, die Lage aber nicht besser wird: Wer versagt dann eigentlich? Marktversagen ist selbst unter den liberalsten Ökonomen ein anerkanntes und gut erforschtes Phänomen. Aber was ist eigentlich mit Staatsversagen?

Lassen wir doch die einzigen echten Krisen, an die sich heute lebende Österreicher erinnern können, kurz

Revue passieren: Der Markt war es nicht, der den Südeuropäern geraten hat, sich bis an die Halskrause zu verschulden. Ganz im Gegenteil – der Markt hat überdeutliche Signale gesendet, dass das nicht lange gut gehen kann. Die staatlichen Akteure wollten es bloß nicht hören. Lieber deckten sie das Problem mit billigem Geld zu, das per Beschluss der Europäischen Zentralbank (EZB) in die Welt kam, und verbummelten die nötigen Haushaltsreformen. Okay, das Coronavirus kann man dem Staat nicht umhängen (dem Markt aber auch nicht); doch die Entscheidung, die eigene Bevölkerung in monatelangen Lockdowns einzumauern und damit die Weltwirtschaft aus den Fugen zu reißen, kam von der chinesischen Kommunistischen Partei und war nicht das Ergebnis entfesselter Marktaktivität. Die Inflationskrise wiederum ist eine Kombination aus billigem Geld, Corona und russischem Großmachtstreben. Ein Schelm, der Böses dabei denkt, dass diejenigen, die den Markt für jedes Wehwehchen verantwortlich machen, ausgerechnet bei Putin oft weniger Bauchschmerzen zu haben scheinen.[3]

Aber der Markt nimmt alle Beschwerden gerne entgegen. Er ist zum Glück nicht nachtragend.

# #4

# „Wer Steuern senkt, zerstört den Sozialstaat."

Eine Reduktion der Abgabenlast würde den geschwächten Sozialstaat endgültig ausbluten lassen. Um Schwache in Zukunft noch besser zu unterstützen, braucht Österreich höhere und ein paar zusätzliche Steuern.

---

Österreich hat im internationalen Vergleich eine extrem hohe Abgabenlast. Schweden und anderen Ländern gelingt es, mit viel niedrigeren Steuern einen ausgezeichneten Sozialstaat zu finanzieren.

Marcell Göttert

# Wer Steuern senkt, zerstört den Sozialstaat.

Es ist ein besonderer Rekord: Im Jahr 2022 kassierte der Staat erstmals mehr als 125 Milliarden Euro an Steuern. Die gute Konjunktur im Verein mit der hohen Inflation machte es möglich. Besonders ungeniert greift der Finanzminister bekanntlich bei der arbeitenden Bevölkerung zu: Schon Durchschnittsverdiener müssen in Österreich fast die Hälfte ihres Einkommens an den Staat abliefern. Nur in drei europäischen Ländern – nämlich in Dänemark, Frankreich und Belgien – drückt die Abgabenlast noch schwerer als bei uns.

Derart hohe Steuern schränken die ökonomische Freiheit der Bürger ein und reduzieren in vielen Fällen wohl auch deren Motivation, mehr zu arbeiten. Auf Dauer gefährdet das den Wohlstand des ganzen Landes. Ist es da vermessen, Steuersenkungen zu fordern? Offenbar ja. Wer immer in den vergangenen Jahren diesen Vorschlag machte, holte sich heftige Kritik von linken

Parteien und der Arbeiterkammer. Eine Reduktion der Steuern und Abgaben würde den Sozialstaat in Gefahr bringen, heißt es stets. Vor allem die Armen müssten büßen, wenn Besserverdiener weniger Geld an den Staat abliefern. Notwendig seien, ganz im Gegenteil, sogar ein paar neue Steuern – etwa für Vermögen und Erbschaften. Nur damit ließen sich die enormen Kosten stemmen, die Corona verursacht habe und die jetzt anfallen, um die Teuerung und den Klimawandel zu bekämpfen.

## Ein Blick in die Bücher

Wo die Meinungen so unversöhnlich aufeinanderprallen, kann es nicht schaden, eine Bestandsaufnahme zu machen: Die Ausgaben des Staates sind in den letzten paar Jahren deutlich stärker gestiegen als die Einnahmen. Besonders stark trifft das auf die Gesundheitskosten zu, die zuletzt regelrecht explodierten. Ebenfalls ein Fass ohne Boden ist die gesetzliche Pensionsversicherung: Im Vorjahr musste der Bund fast 12 Milliarden Euro zuschießen, im Jahr 2027 werden es schon mehr als 21 Milliarden sein. Strukturelle Reformen in diesen Bereichen könnten sehr viel Geld sparen, ohne den Sozialstaat auch nur im mindesten zu beschädigen.

Österreich hat also ein Ausgaben-, kein Einnahmenproblem. Es steht zu befürchten, dass noch höhere Steuern an der Budgetmisere nichts ändern würden; heimische Politiker haben sich zu sehr daran gewöhnt, mehr Geld zu verpulvern, als ihnen zur Verfügung steht. Aus Sicht der Volksvertreter ist das der einfachere Weg: Wer Schulden macht, gilt in Österreich als sozial engagiert und mitfühlend. Wer sparen will, erwirbt sich schnell den Ruf besonderer Hartherzigkeit. Das ist zwar nicht logisch, weil die Politik ja nur Geld ausgeben kann, das sie vorher den Bürgern weggenommen hat – oder das sie künftigen Generationen wegnehmen wird, um Kredite zu bedienen.

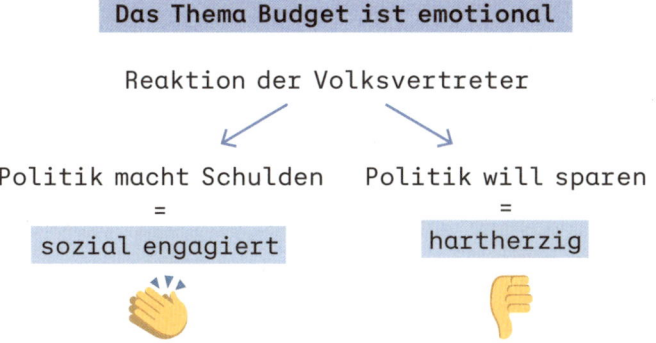

**Das Thema Budget ist emotional**

Reaktion der Volksvertreter

Politik macht Schulden
=
**sozial engagiert**
👏

Politik will sparen
=
**hartherzig**
👎

Sparsames Wirtschaften wäre also durchaus im Interesse der Steuerzahler. Doch das Bild vom „großzügigen Staat" hält sich hartnäckig in den Köpfen vieler Österreicher. Entsprechend schwierig ist der Paradigmenwechsel.

Dabei liegt der Einsparungsbedarf in manchen Bereichen auf der Hand: Zum Beispiel gehört Österreich zu den Ländern mit besonders hohen Förderungen. Unter diesem Titel flossen zuletzt 34 Milliarden Euro pro Jahr. Damit liegt Österreich auf Platz zwei in der EU; nur Luxemburg gibt in Relation zur Bevölkerungsgröße noch mehr aus. Teilweise widersprechen die Förderungen anderen politischen Zielsetzungen: So alimentieren wir etwa durch das Pendlerpauschale weite Anfahrtswege vom Wohn- zum Arbeitsort. Am höchsten ist das Pauschale, wenn diese Strecken mit dem Pkw zurückgelegt werden. Dabei hat die Politik eigentlich das Ziel vorgegeben, die Emissionen zu senken und den öffentlichen Verkehr zu stärken. Trotzdem wurde das Pendlerpauschale jüngst noch kräftig erhöht. An weiteren Beispielen für derart kontraproduktive Aktivitäten herrscht kein Mangel. Würde Österreich das Ausmaß der Förderungen auf den EU-Schnitt herunterfahren, ließen sich damit pro Jahr rund 2,2 Milliarden Euro einsparen.

## Sorgenkind Pensionssystem

Dringender Handlungsbedarf besteht auch im Pensionssystem. Wie erwähnt werden die Kosten immer höher. Das ist auch kein Wunder, weil die stetig steigende Lebenserwartung bisher überhaupt keinen Einfluss auf das Antrittsalter hatte. Männer gingen zuletzt mit 62 Jahren in Pension, Frauen mit 60. Damit sind Österreichs Jungrentner gleich alt wie ihre Vorgänger in den 1970er-Jahren, als die Lebenserwartung im Schnitt noch sieben Jahre niedriger lag.

## Nachhaltigkeit im Pensionssystem
### Erwerbstätige pro Pensionist

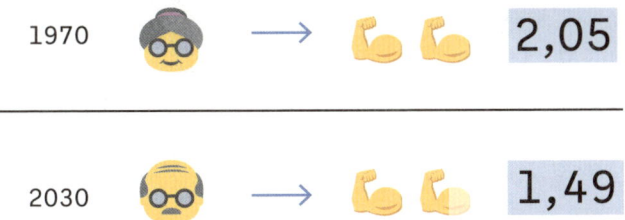

Man muss nicht Mathematik studiert haben, um zu erkennen, dass so ein System auf die Dauer gar nicht oder nur zu sehr hohen Kosten für die Allgemeinheit funktionieren kann. Richtig wäre es, das gesetzliche Pensionsantrittsalter jedes Jahr um zwei Monate zu erhöhen, bis ein Antrittsalter von 67 erreicht ist. Anschließend könnte eine automatische Anpassung an die Lebenserwartung den Kostendruck durch den demografischen Wandel abfedern.

# Arbeit muss wieder
# attraktiver werden

Die österreichische Wirtschaft leidet unter massivem Personalmangel. Ganze Branchen müssen Aufträge ablehnen, weil offene Stellen nicht besetzt werden können. Verantwortlich für diese Situation ist auch die hohe Steuerlast: Ein Teilzeitjob bringt netto oft kaum weniger Geld als eine Vollzeitstelle, und für ältere Menschen zahlt es sich meist nicht aus, in der Pension zu arbeiten. Deshalb müssen vor allem die enormen Steuern auf den Faktor Arbeit rasch gesenkt werden. Die Abschaffung der kalten Progression war ein wichtiger Schritt, reicht als isolierte Maßnahme aber nicht aus. Es ist fatal, ausgerechnet den Leistungsträgern im Land das Gefühl zu vermitteln, dass sich ihr Einsatz kaum noch lohnt. Denn sie sind es, die den Sozialstaat in Schwung halten müssen.

**Es ist fatal, ausgerechnet den Leistungsträgern im Land das Gefühl zu vermitteln, dass sich ihr Einsatz kaum noch lohnt.**

Eine Ausgabenbremse würde es der Politik leichter machen, den für Steuersenkungen nötigen Spielraum zu schaffen. Ein gutes Vorbild dafür ist Schweden: Dort gibt es seit 2010 für den Bund und das Pensionssystem ein Überschussziel von derzeit 0,3 Prozent in Relation zum Bruttoinlandsprodukt (BIP). Weil diese Vorgabe für einen ganzen Konjunkturzyklus gilt, ist das Land in Krisenzeiten dennoch handlungsfähig. Begleitet wird die Regelung von einer Ausgabenbeschränkung; das Parlament beschließt das Budget jeweils für mindestens drei Jahre unter der Prämisse des Überschussziels.

Schweden gilt als perfekter Sozialstaat. Dennoch sind die Abgaben niedriger als bei uns. Schon dieser Vergleich zeigt, dass sich beides problemlos vereinen lässt. Österreich braucht nicht noch mehr Abgaben, sondern eine sparsamere Politik.

# #5

---

# „Die Jungen können sich nichts mehr aufbauen."

---

Mit ganz normaler Arbeit kann man
sich kaum mehr etwas aufbauen.
Wer jetzt jung ist, hat es viel schwerer
als die Generation seiner Eltern.
Das Einkommen von Berufseinsteigern
reicht nicht einmal mehr für
bescheidenen Wohlstand.

---

**REALITÄT**

Heute 20-Jährige starten im
Schnitt mit höheren Einkommen
ins Erwerbsleben als einst ihre
Eltern. Auch die Kaufkraft ist
gestiegen. Weil Arbeitskräfte
dringend gesucht werden, stehen
den Jungen alle Türen offen.

**Dénes Kucsera**

# Die Jungen können sich nichts mehr aufbauen.

Den Kindern soll es einmal besser gehen: Das ist der Wunsch fast aller Eltern, seit es uns Menschen gibt. Von Generation zu Generation wurde diese Hoffnung weitergegeben – und mal mehr, mal weniger erfüllt. Derzeit sei es für die Jungen ganz besonders schwer, behaupten viele. Mit ganz normaler Erwerbsarbeit könne man sich kaum mehr etwas aufbauen. Während heute 60-Jährige in ihrer Jugend noch davon ausgehen konnten, sich mit einem durchschnittlichen Einkommen ein Haus bauen oder eine Wohnung kaufen zu können, gelinge das heute nur noch mit einer fetten Erbschaft. Junge Familien müssten schon froh sein, wenn sie es schaffen, finanziell halbwegs über die Runden zu kommen. Für Extrawünsche oder den Aufbau eines bescheidenen Vermögens reiche das Einkommen selbst dann nicht, wenn beide Partner arbeiten gehen.

Das ist eine trübselige Geschichte, die nur ein Gutes hat: Sie entspricht so nicht den Tatsachen, jedenfalls nicht in Österreich. Es stimmt, dass es für heute 25-Jährige schwierig geworden ist, ihre Eltern beim Lebensstandard locker zu übertrumpfen. Doch das liegt schlicht daran, dass es den meisten ohnehin schon sehr gut geht. Und die Krisen der vergangenen Jahre führten in einigen Ländern Europas tatsächlich zu einer Wohlstands-Delle: Studien zeigen, dass Erwerbstätige in Italien, Spanien und Griechenland heute real weniger Geld zur Verfügung haben als ihre Vorgängergeneration im gleichen Alter. In Österreich ist davon allerdings – trotz anderslautender Behauptungen – noch nichts zu bemerken. Jüngere Jahrgänge starten im Durchschnitt mit einem höheren Einkommen ins Erwerbsleben als einst ihre Eltern. Trotz Krisen liegt das verfügbare Haushaltseinkommen in jeder Altersgruppe höher als früher.

Wer Vollzeit arbeitet, kann sich deutlich mehr leisten als die Elterngeneration. Denn trotz des höheren Urlaubsanspruchs und saftiger Inflationsraten ist die Kaufkraft in Österreich gestiegen. Die Reallöhne je geleisteter Arbeitsstunde legten in der letzten 20 Jahren um rund 20 Prozent zu. Deshalb kann sich ein Arbeitnehmer mit der gleichen Anzahl an Arbeitsstunden um 20 Prozent mehr leisten. Anders gesagt: Eine Person erreicht den gleichen Lebensstandard wie vor 20 Jahren mit 17 Prozent weniger Aufwand.

**Wer Vollzeit arbeitet, kann sich deutlich mehr leisten als die Elterngeneration. Denn trotz des höheren Urlaubsanspruchs und saftiger Inflationsraten ist die Kaufkraft in Österreich gestiegen.**

Noch ein Detail, das gerne vergessen wird: Der technische Fortschritt macht es möglich, hochwertigere Produkte günstiger zu produzieren. Um sich ein Fahrrad, einen Kaffee oder einen Kinobesuch zu leisten, muss man heute weniger lange arbeiten als früher.

Wie lange man für ein Fahrrad
arbeiten muss

| | |
|---|---|
| 1982 | 38:48:21 |
| 2022 | 35:42:39 |

Corona markierte für die meisten Menschen zweifellos einen schweren Einschnitt – und zwar in jeder Hinsicht. Junge Erwachsene mussten nicht nur in ihrer Freizeit jahrelang auf vieles verzichten. Auch den Erwerbs-karrieren versetzte die Pandemie einen Dämpfer: Der erste Job spielt eine entscheidende Rolle für die Kar-riere. Studien aus früheren Krisen zeigen, dass der Job-einstieg in einer kritischen Phase zu einer schlechteren Entlohnung führt – und zwar auch in den Folgejahren. Ein solch schwieriger Beginn kann auch häufigere Job-wechsel und instabilere Karriereverläufe verursachen. Unter Umständen fällt das gesamte Lebenseinkommen für eine Krisen-Generation geringer aus. Besonders stark wirken diese Effekte für Menschen mit schlechter Ausbildung.

## Personalmangel öffnet Türen

Wer im Jahr 2020 frisch auf den Arbeitsmarkt kam, hatte also keinen guten Start. Doch es gibt einen Umstand, der diesen Nachteil ausgleicht: Derzeit werden Arbeits-kräfte so dringend gesucht wie schon lange nicht mehr.

**Anders als noch vor ein paar Jahren sind es jetzt die Arbeitgeber, die sich anstrengen und den Wünschen der Bewerber entgegenkommen müssen.**

Der Personalmangel betrifft beileibe nicht nur Fachkräfte wie etwa IT-Experten, sondern zieht sich mittlerweile durch praktisch alle Branchen, Qualifikations-
niveaus und Bundesländer. Wer arbeiten will, dem
stehen alle Türen offen. Anders als noch vor ein paar
Jahren sind es jetzt die Arbeitgeber, die sich anstrengen
und den Wünschen der Bewerber entgegenkommen
müssen.

### Arbeitskräftemangel
Offene Stellen in Prozent
der bestehenden Jobs

1,5

4,8

2009                                    2022

Die Eltern der heutigen Berufseinsteiger hatten es sei-
nerzeit nicht so bequem. Viele gehörten zu den sogenannten Babyboomern der zahlenmäßig größten Generation, die es je gab. Das hatte einen sehr gravierenden
Nachteil: Um gute Jobs herrschte besonders viel Konkurrenz. Von Willkommens-Aktivitäten der Arbeitgeber
konnten die Babyboomer einst nur träumen. Sie mussten froh sein, wenn sie überhaupt eine Stelle fanden.

# Teurer wohnen

In einem Punkt haben die Jungen aber tatsächlich schlechtere Karten als ihre Eltern und Großeltern: Schaffung und Erwerb von Wohnungseigentum sind schwieriger geworden. Die niedrigen Zinsen der vergangenen Jahre haben auf dem Immobilienmarkt Spuren hinterlassen. Wohnungen und Häuser galten als sicheres Investment und warfen mehr Rendite ab als viele andere Veranlagungen. Entsprechend stark sind die Preise gestiegen. Ein voll erwerbstätiger Durchschnittsverdiener benötigte für den Erwerb der gleichen Wiener Wohnung im Jahr 2021 rund zweieinhalbmal so viele Jahresgehälter wie ein Käufer im Jahr 1986. Allein seit 2004 hat sich die Zahl der für einen Immobilienerwerb notwendigen Gehälter fast verdoppelt.

Aktuell sinken die Preise zwar wieder leicht, dafür sind Kredite teurer geworden. Das eigene Haus oder die eigene Wohnung bleibt für viele Junge wohl ein nur schwer zu erfüllender Wunsch.

Davon abgesehen hat diese Generation aber Chancen, von denen ihre Vorgänger nur träumen konnten. Einem heute 20-Jährigen steht im Wortsinn die ganze Welt offen. Der Schlüssel für eine erfolgreiche Zukunft liegt, mehr noch als früher, in der Ausbildung. Wer in die eigenen Qualifikationen investiert, muss sich keine

Sorgen machen. Viele Menschen wissen das auch; das Bildungsniveau breiter Gesellschaftsschichten ist in den vergangenen Jahren stetig gestiegen. Wenn die Politik der Jugend etwas Gutes tun will, sollte sie in erster Linie auf diese Schiene setzen: Ein modernes Bildungssystem ist die beste Förderung, die ein Staat bieten kann.

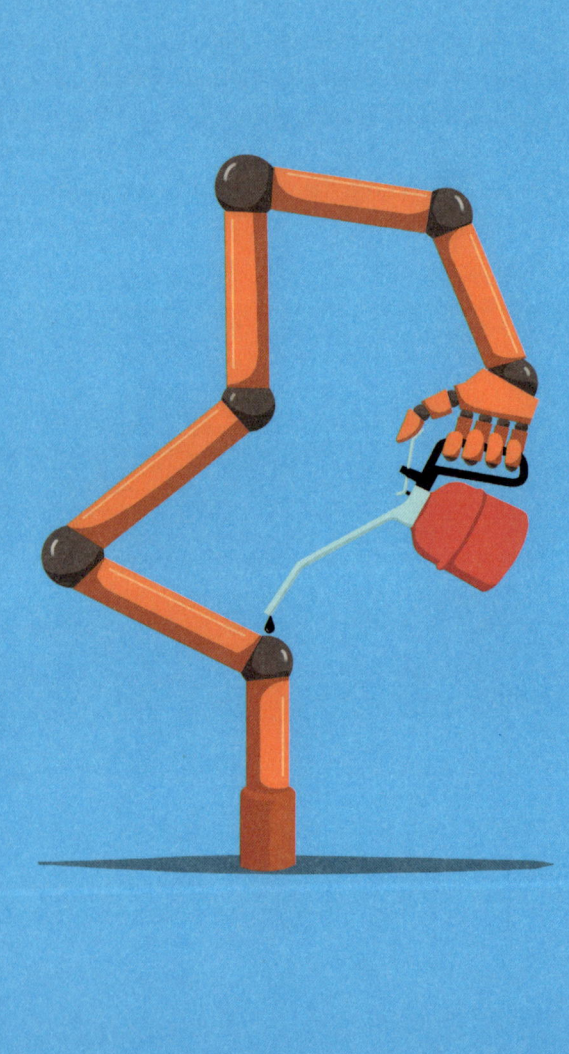

---

# 6

# „Die Digitalisierung nimmt uns die Arbeitsplätze weg."

---

Künstliche Intelligenz ersetzt unsere Arbeitsplätze. Wenn wir den technischen Fortschritt nicht auf ein vernünftiges Maß begrenzen können, werden die Computer bald die Herrschaft übernehmen – und zwar nicht bloß im Job.

---

**REALITÄT**

Der Fortschritt hört nicht auf Verbote. Innovationen führten in der Geschichte noch nie zu dauerhafter Massenarbeitslosigkeit. Aber sie können die Arbeitswelt verändern. Darauf müssen wir uns vorbereiten.

Hanno Lorenz

# Die Digitalisierung nimmt uns die Arbeitsplätze weg.

Die Angst vor dem technischen Fortschritt und dessen Folgen ist so alt wie der menschliche Erfindergeist. Schon um Christi Geburt soll der römische Kaiser Vespasian vom Einsatz kostensparender Transportmethoden abgeraten haben. Aus Sorge, dass sie Fuhrunternehmer arbeitslos machen könnten. Eine ähnlich skeptische Einstellung hatte auch Königin Elisabeth I. rund 1.500 Jahre später. Sie verweigerte dem britischen Vordenker William Lee das Patent auf seine Erfindung des Webstuhls. Die Herrscherin befürchtete, dass Tausende von Webern ihre Arbeit verlieren und auf der Straße landen könnten. Die Idee, dass Maschinen den Menschen systematisch ihre Jobs wegnehmen würden, brachte der britische Ökonom John Maynard Keynes erstmals im Jahr 1933 zu Papier. Der von ihm kreierte Fachbegriff dafür lautete „technologische Arbeitslosigkeit" (Keynes, 1930). Karl Marx sah im technischen Fortschritt sogar ein Vehikel, das zum unweigerlichen Zusammenbruch des Kapitalismus führen würde. Und dennoch ist uns die Arbeit nie ausgegangen, im Gegenteil. Düstere Visionen von einer Zukunft, in der Maschinen unsere Aufgaben übernehmen würden, waren allesamt falsch.

## Jetzt wird alles anders

Im Zusammenhang mit Robotern und Künstlicher Intelligenz (KI) lebt die alte Angst wieder auf. Schon jetzt buchen die meisten Menschen ihren Urlaub im Internet und gehen in der Stadt an vielen Schaufenstern vorbei, hinter denen sich früher Reisebüros befanden. Wo einst noch fleißige Fabrikarbeiter am Fließband hantierten, schweißen jetzt Präzisionsroboter Autoteile zusammen. Und das Versprechen von autonom fahrenden Autos wird vielen Berufsfahrern schlaflose Nächte bereiten.

Vor genau zehn Jahren veröffentlichten die Wissenschaftler Carl Benedikt Frey und Michael Osborne von der Universität Oxford die Studie „The Future of Employment" (Frey & Osborne, 2013). Für diese Arbeit hatten sie untersucht, welche Tätigkeiten und Befähigungen durch Algorithmen und Roboter übernommen werden können. Die Ergebnisse waren dramatisch: Jeder zweite Job in den USA war bereits damals durch bestehende Technik ausführbar.

Über die Aussagekraft solcher Prognosen kann man zwar trefflich streiten, zumal eine Reihe von Arbeiten die Ergebnisse von Frey und Osborne hinterfragte (Arntz et al., 2017; Lorenz et al., 2023). Ungeachtet dessen überschlugen sich die Medien mit Schreckensmeldungen über eine bevorstehende Massenarbeitslosigkeit. Der Tenor: Intelligente Computerprogramme werden die Ärzte, Rechtsanwälte und Manager von morgen sein, Maschinen also nicht bloß die Körperkraft des Menschen ersetzen, sondern auch seine geistigen Fähigkeiten.

**Technische Errungenschaften wurden in der Geschichte immer von Rufen nach Regulierung und Maschinensteuern begleitet.**

Solche Aussichten sind für viele Menschen zutiefst beunruhigend. Ist mein Arbeitsplatz sicher? Kann ich auch in Zukunft meine Familie versorgen? Werden unsere Kinder noch einen Job haben, von dem sie leben können? Das sind verständliche Sorgen. Die beste Therapie dagegen ist ein Blick zurück: Technische Errungenschaften wurden in der Geschichte immer von Rufen nach Regulierung und Maschinensteuern begleitet. Der Widerstand gegen die „Macht der Maschinen" verlief oft sogar gewaltsam. Als etwa im Jahr 1470 in Augsburg die ersten Bücher mit gedruckten Illustrationen erschienen, gingen die dort ansässigen Holzgraveure auf die

Barrikaden. Die Illustratoren blockierten die Druckmaschinen. Doch ohne Erfolg – die Erfindung revolutionierte den Druck, die Nachfrage nach gedruckten Illustrationen schnellte in die Höhe. Der Beruf des Graveurs starb dabei aber nicht aus, sondern blühte erst richtig auf, denn irgendjemand musste die unzähligen neuen Drucktafeln ja mit Illustrationen versehen. Die Weber im britischen Nottingham standen der Automatisierung ihres Berufsstandes zu Beginn des 19. Jahrhunderts ebenfalls skeptisch gegenüber und zerstörten die modernen Webstühle und Maschinen. Auch hier liefen die Bemühungen der „Technophobiker" ins Leere. Zum Glück, wie der Wirtschaftshistoriker Henry Hazlitt (1978) festhielt: Ende des 19. Jahrhunderts fanden mindestens einhundert Mal mehr Menschen in dieser Branche ihr Auskommen als noch zu Zeiten der Revolte.

**Neue Technologien hatten Berufe zwar verändert, gleichzeitig jedoch den Bedarf an menschlicher Arbeitskraft erhöht.**

Die Graveure von Augsburg und die Weber im vorindustriellen England stellten sich gegen den Wandel der Zeit, um wenig später festzustellen, dass ihnen der Fortschritt mehr Arbeit bescherte, als sie bewältigen konnten. Neue Technologien hatten Berufe zwar verändert, gleichzeitig jedoch den Bedarf an menschlicher Arbeitskraft erhöht.

# Ein Killer namens ChatGPT

Stehen wir nun abermals vor einem neuen Zeitalter? Aktuell ist es eher der wachsende Mangel an Arbeitskräften, der die Debatte bestimmt. In Österreich gab es noch nie so viele offene Stellen wie jetzt. Das ließ die Warnungen vor einer technologischen Massenarbeitslosigkeit verstummen. Doch die Entwicklung von ChatGPT und andere Innovationen im Bereich der KI bringen die alte Sorge zurück. Im Jahr 2023 verkündete der Computer-Hersteller IBM, in den kommenden fünf Jahren ein Drittel der Stellen in der Verwaltung durch KI ersetzen zu wollen. Hinzu kommen Fortschritte bei Quanten-Computern, die ihr Anwendungsfeld weiter vergrößern dürften. Laut einer Erhebung der Unternehmensberatung PWC (2023) fürchten 37 Prozent der Befragten, dass KI ihren eigenen Job zumindest zum Teil übernehmen könnte. 63 Prozent sind der Meinung, dass Künstliche Intelligenz Arbeitsplätze bedrohen und für einen Wandel in der Arbeitswelt sorgen werde.

Natürlich finden sich viele Beispiele für den Einsatz von Technologien, die zu Arbeitsplatzverlusten führten. Aber zur befürchteten Massenarbeitslosigkeit kam es dadurch nie. Meistens können Maschinen gewisse Jobs nur verändern, nicht ersetzen. Das zeigt auch eine Studie der Agenda Austria zur Zukunft der Arbeit (Lorenz et al., 2023). Und es ist keineswegs immer schlecht: 57 Prozent der in der PWC-Studie Befragten glauben, dass durch die Technik mühsame und lästige Aufgaben wegfallen könnten und die Arbeit effizienter werde. 40 Prozent wollen, dass die Vorteile von KI genutzt und verstärkt zur Erleichterung mancher Tätigkeiten eingesetzt werden.

## Der Fortschritt lässt sich nicht aufhalten

Diese Hoffnungen scheinen gut begründet. Und die Arbeit wird uns dabei wieder einmal nicht ausgehen. Schauen wir uns zum Beispiel die IT-Branche an: In den kommenden Jahren müssen viele neue Technologien entwickelt und implementiert werden. Deshalb herrscht enormer Bedarf an qualifizierten IT-Experten. Auch im Bereich der Künstlichen Intelligenz gibt es viele Möglichkeiten für Menschen, die sich mit der Entwicklung und Implementierung von Algorithmen und Systemen auskennen. Ein weiteres Beispiel sind autonome Fahrzeuge: Selbstfahrende Autos könnten irgendwann die Menschen am Lenkrad ersetzen, das stimmt. Doch im Zusammenhang mit dieser Technologie werden zugleich viele neue Arbeitsplätze entstehen – etwa für hochqualifizierte Mechaniker, die in der Lage sind, autonome Fahrzeuge zu warten und zu reparieren, ebenso im Bereich der Datenanalyse und des Managements. Auch bleibt der Mensch der Maschine in vielen Aspekten wie etwa der Kreativität und der sozialen Kompetenz überlegen. Das bedeutet nicht, dass es keine Anpassungen geben muss. Der Wandel wird Flexibilität erfordern. Wir haben aber die Voraussetzungen, um diese Aufgabe erfolgreich zu bestehen.

Der Blick in die jüngere Vergangenheit macht jedenfalls Hoffnung. Während der dritten industriellen Revolution, dem Computerzeitalter, nahm die Beschäftigung in Österreich stetig zu. Der gleiche Befund gilt für die Zeit ab der Verbreitung des Internets, dem Ausgangspunkt der Digitalisierung. Sollte sich dieser Trend fortsetzen, ist in den kommenden vier Jahren mit einem Zuwachs von rund 100.000 Arbeitsplätzen zu rechnen.

Doch was, wenn dieses Mal wirklich alles anders läuft? Wenn sich die Zukunft nicht an die Erfahrungen aus der Vergangenheit hält? Dann werden wir dem Wandel trotzdem nicht entgehen können. Die Gesellschaft muss sich den Veränderungen stellen, um die Erträge möglichst groß und die Schäden möglichst klein zu halten. Natürlich wird es Einzelschicksale geben, für die der Wandel schmerzhaft ist. In solchen Fällen ist die Politik gefordert. Das bedeutet aber nicht, dass sie versuchen sollte, Innovationen zu bremsen oder gar zu verhindern. Es wäre ein hoffnungsloser Kampf gegen den Fortschritt. Österreich sollte die Chancen nützen und nicht versuchen, die Vergangenheit zu konservieren.

# #7

---

# „Freihandel nützt nur den Großkonzernen."

---

## MYTHOS

Multinationale Konzerne missbrauchen
die Welt als ihre Spielwiese und
tun alles für den schnellen Profit.
Dem normalen Konsumenten bringt
die Globalisierung gar nichts.

---

## REALITÄT

Der freie Handel macht alle
reicher, auch die Konsumenten.
Kaum jemand könnte sich ein
Smartphone leisten, wenn es
ausschließlich im teuren Europa
produziert würde.

**Jan Kluge**

# Freihandel nützt nur den Großkonzernen.

Die Entdeckung des Freihandels gehört zweifellos zu den großen Lichtblicken der Menschheitsgeschichte. Schon der frühe Homo sapiens wusste intuitiv, dass man hübsche und nützliche Dinge miteinander tauschen kann (Brooks et al., 2018) und dass sich das auf wundersame Weise für beide Seiten lohnt. Und auch in der etwas jüngeren Vergangenheit waren glänzende Zeiten von Frieden und Wohlstand in Europa stets untrennbar damit verbunden, dass man ausgiebig Handel trieb.

Doch während die unerschrockenen Seefahrer der Renaissance auf der Suche nach neuen Handelsrouten zu den begehrten Gewürzinseln in Übersee noch ihr Leben riskierten (und es oft genug auch verloren), hat Freihandel für viele inzwischen einen eher faden Beigeschmack. Er nütze ja doch nur den Reichen! Freihandel sei doch nur eine noblere Bezeichnung für die Machenschaften multinationaler Konzerne, die ein halbfertiges T-Shirt um die halbe Welt verschiffen, wenn der nächste Fertigungsschritt dort um ein paar Cent billiger ist. Nur um sich dann auszusuchen, in welchem Land sie ein paar Steuern zahlen möchten. Der fleißige Handwerker von nebenan, der stolz in zwölfter Generation produziert, habe nichts davon. Wir sind ja nicht gegen Freihandel, nur die Richtung muss stimmen!

## Unverstandener Freihandel

Und so ist Österreich natürlich ganz vorne mit dabei, wenn es darum geht, das von außen Kommende skeptisch zu beäugen: In einer Befragung der Europäischen Union (2022) berichtete fast ein Viertel der Österreicher über vorwiegend negative Gefühle, wenn es um Freihandel geht. In der EU äußerten sich nur die Franzosen noch globalisierungskritischer. In Dänemark und Irland hatte fast niemand ein Problem damit.

> Würden Länder nicht handeln,
> dann müssten sie alles, was
> sie konsumieren wollen, selbst
> produzieren.

Was die Dänen und Iren verstanden haben, an den Österreichern und Franzosen aber offenbar vorbeigegangen ist: Würden Länder nicht handeln, dann müssten sie alles, was sie konsumieren wollen, selbst produzieren. Österreich müsste dann also seine eigenen Avocados züchten, während Mexiko seine eigenen Handfeuerwaffen herstellen müsste. Das ist natürlich möglich, aber beide Länder würden dabei massiv Ressourcen verschwenden. Konzentrieren sie stattdessen ihre ganze Kraft auf die Güter, die sie mit ihren Fähigkeiten am besten produzieren können, dann können sie aus ihren Ressourcen mehr herausholen. Am Ende steigen alle besser aus.

## Der Kuchen wird größer

So steht es seit den Tagen des britischen Ökonomen David Ricardo im Lehrbuch. Doch zugegeben: Der Gedankengang ist etwas herausfordernd. Naheliegender wäre doch, dass ein Land einen absoluten Kostenvorteil braucht, um exportieren zu können. Aber was würde dann ein Land wie Österreich eigentlich überhaupt noch exportieren können? Die meisten Produktionsfaktoren (Löhne, Energie usw.) kosten hierzulande ja ein Vielfaches von dem, was sie in Mexiko kosten. Die Zauberei liegt aber nicht in den *absoluten*, sondern in den *komparativen* Kostenvorteilen. Kurz gesagt: Auch Länder, die in allem schlecht sind, profitieren von Handel, wenn sie sich auf die Güter konzentrieren, bei denen sie am wenigsten schlecht sind. Auch sie können dann mehr konsumieren, als sie mit ihrer knappen Ressourcenausstattung und ihren überschaubaren Fähigkeiten selbst herstellen könnten.

**Der Gedanke, dass es immer Gewinner und Verlierer geben muss, führt in die Irre. Freihandel ist kein Nullsummenspiel.**

Dass der Kuchen durch Freihandel größer wird, dürfte also kaum in Frage stehen. Die Entwicklung Österreichs seit dem EU-Beitritt legt davon Zeugnis ab. Der Zugang zum europäischen Binnenmarkt brachte enorme Vorteile. Die Entwicklung der Gesamtbeschäftigung und des realen Bruttoinlandsprodukts wäre ohne die EU-Mitgliedschaft und die Einbindung in den Euro weitaus geringer ausgefallen (Oberhofer & Streicher, 2019; Breuss, 2020). Gerade kleine Volkswirtschaften wie die unsere profitieren von einer Öffnung oft sehr stark (Anderson & Yotov, 2016).

Daher sind die Argumente gegen Freihandel notwendigerweise meistens Strohmannargumente. Niemand würde schließlich behaupten, dass die von den Europäern „entdeckten" Völker vom Handel profitiert hätten. Häufig wurden die Schätze ihrer Länder rücksichtslos gestohlen und verschifft. Es ist unstrittig, dass die heutigen Industrieländer davon profitiert haben, dass sie sich die Ressourcen anderer Länder gewaltsam aneignen konnten. Das hat aber mit Freihandel nichts zu tun; das ist Kolonisierung und Sklaverei. Man kann durchaus für Freihandel sein und gleichzeitig Menschenhandel ablehnen. Versuchen Sie's mal.

## Wer handelt, gewinnt

Auch der Gedanke, dass es immer Gewinner und Verlierer geben muss, führt in die Irre. Freihandel ist kein Nullsummenspiel. Zwei Handelspartner stimmen einem Deal nur zu, wenn er für beide attraktiv ist. Der antike Chronist Herodot beschreibt das eindrücklich bei den ersten dokumentierten Handelsaktivitäten der alten Karthager mit den Libyern: Die Karthager legten ihre Handelsgüter an der libyschen Küste ab und verschwanden wieder. Dann kamen die Libyer, prüften das Angebot und legten ihrerseits Gold ab, das aus ihrer Sicht einem fairen Tausch entsprach. Dann kamen wieder die Karthager und prüften den Deal. Waren sie nicht einverstanden, dann gingen sie wieder und signalisierten den Libyern damit: Das reicht noch nicht. Waren sie einverstanden, nahmen sie das Gold und zogen ab. Ein zustande gekommener Tausch ist an sich der beste Beweis dafür, dass beide Partner davon profitiert haben. Denn die Libyer hätten nicht nachbessern müssen; sie hätten ihr Gold auch einpacken und den Deal platzen lassen können.

Doch all das überzeugt Freihandelsskeptiker freilich nicht. Ihnen geht es nicht nur um den Kuchen an sich; sie kritisieren seine Verteilung und die Tatsache, dass Freihandel die Welt zu einer Spielwiese für große Unternehmen macht. Unfreiwillig haben sie hier sogar nicht ganz Unrecht: Dass größere Unternehmen in der Regel stärker exportorientiert sind, ist ein allgemein bekanntes Phänomen und liegt auch in der Natur der Sache. Nur ausreichend große Unternehmen verfügen über die Ressourcen, um den Sprung auf ausländische Märkte überhaupt wagen zu können. Die allermeisten Unternehmen in Österreich sind aber Mittelständler; nur etwa jedes elfte heimische Unternehmen exportiert überhaupt und partizipiert so direkt an Handelsgewinnen (Flach et al., 2022).

Umso wichtiger wäre es daher, noch mehr österreichischen Betrieben ausländische Märkte aufzuschließen.

**Einkommenszuwachs**

fortschreitende Globalisierung beschert Durchschnittsbürger jährlich ein Einkommenszuwachs von knapp

**+1.520 €**

(Stand Juni 2023)

Mehr Protektionismus wäre dagegen für uns alle ein schlechter Deal. Wenn es nicht so eine Beleidigung für die globalisierungsfreudigen Frühmenschen wäre, würde man sagen, Protektionismus katapultiert uns zurück in die Steinzeit.

**#8**

---

# „Neoliberalismus ist eine Erfindung der Reichen zur Unterdrückung der Massen."

---

Die Reichen haben den Neoliberalismus erfunden, um ihre Interessen durchzusetzen. Gekaufte Politiker, Medien und Wissenschaftler dienen der Verbreitung der neoliberalen Propaganda.

---

**REALITÄT**

Die ersten Neoliberalen waren idealistische Außenseiter, denen es darum ging, die Interessen des Individuums gegenüber dem Staat zu verteidigen. Sie wollten auch verhindern, dass einzelne private Akteure zu mächtig werden können.

# Christoph Hofer

# Neoliberalismus ist eine Erfindung der Reichen zur Unterdrückung der Massen.

Der Neoliberalismus muss für allerlei Untaten und Ungerechtigkeiten in der Welt herhalten. Seit seiner Entstehung vor über 80 Jahren wurde der Begriff bis zur Unkenntlichkeit verunstaltet. Man darf nach Herzenslust alles hineininterpretieren, was einem in der Welt nicht passt. Kaum jemand, der das Wort „neoliberal" heute vollmundig als vermeintlich fundierte politische Analyse verwendet, kann auf Nachfrage ausführen, worum es sich dabei eigentlich handelt. Unter anderem deswegen ranken sich viele Verschwörungstheorien um ihn. Hinter dem Neoliberalismus stünden zwielichtige mächtige Gestalten, die die Fäden in Politik und Gesellschaft zögen. Ein latenter Antisemitismus ist bei solchen Hirngespinsten natürlich nie weit. Vor Augen hat man ein Bild alter weißer Männer, denen es allein um die

Vermehrung ihres ohnehin schon großen Vermögens geht. Wenn es sein muss, jederzeit auf Kosten von Arbeitern, Armen und Minderheiten.

Dabei wurde der Neoliberalismus nicht etwa im verrauchten Hinterzimmer eines noblen Milliardärsklubs begründet. Sondern in den weniger eindrücklichen Räumlichkeiten einer internationalen Organisation in Paris, in der sich im August 1938 exakt 26 Personen zu einem wissenschaftlichen Austausch einmieteten, dem sogenannten Colloque Walter Lippmann.[4] Die ersten Neoliberalen waren eine kleine Gruppe von Professoren, Journalisten und Außenseitern mit kaum politischem oder sonstigem Einfluss. Weit weg von den Mitteln und Schalthebeln der Macht. Vor dem Hintergrund eines sich anbahnenden Weltkriegs wollten sie den Liberalismus retten und der Welt zwischen Faschismus und Kommunismus einen dritten Weg anbieten.

> **Die ersten Neoliberalen waren eine kleine Gruppe von Professoren, Journalisten und Außenseitern mit kaum politischem oder sonstigem Einfluss.**

Der klassische Liberalismus hatte im vorangegangenen Jahrhundert zu einem nie dagewesenen Wohlstand und individueller Freiheit großer Bevölkerungsteile geführt, befand sich damals jedoch in einer großen Krise. Das Vertrauen in den „Laissez-faire-Liberalismus" des 19. Jahrhunderts, der die unbedingte Nichteinmischung des Staates in Marktprozesse predigte, war durch den großen Börsenkrach und die darauffolgende Weltwirtschaftskrise der 1930er-Jahre schwer erschüttert. Es entstanden linke wie rechte autoritäre Regime, die neue staatliche Kommandowirtschaften einführten und das Kollektiv vor das Individuum stellten. Es waren nicht die Reichen und Mächtigen, die sich von Anfang an entschieden gegen diese Entwicklungen stemmten, sondern eben jene idealistischen Sonderlinge in Paris, die dem Niedergang ihrer Länder nicht einfach zusehen wollten. Sie erdachten den Liberalismus neu: Der Neoliberalismus war geboren.

## Idee, nicht Interesse

Den Krieg konnten sie nicht verhindern. Erst zwei Jahre nach Ende des Zweiten Weltkriegs zeigte der Neoliberalismus wieder zarte Knospen. Im April 1947 kam es zum zweiten Treffen, diesmal auf Einladung Friedrich August von Hayeks. Auf dem Schweizer Berg Mont Pèlerin gründeten die 36 teilnehmenden Wissenschaftler die Mont Pèlerin Society,[5] einen bis heute existierenden Zusammenschluss liberaler Denker. Von dort ausgehend und nach Hayeks Vorstellung machte man sich auf den Weg und suchte Unterstützer und Financiers. Es stimmt, dass darunter oftmals Vermögende und Unternehmensvertreter zu finden sind (Slobodian, 2018). Doch ging – auch mit Blick auf die bescheidenen Anfänge – die liberale Idee der Finanzierung und den Interessen der Geldgeber stets voran. Nur auf der Grundlage dieser Integrität ließ sich der lange Atem behalten, den man brauchte, um etwas so Unerhörtes wie eine Erzählung von Freiheit unmittelbar nach Ende des Zweiten Weltkriegs zu verkünden. Die öffentliche Stimmungslage war bereits geprägt von Keynesianismus und einem Glauben an die umfassende Gestaltungsmacht des Staates bei der Lenkung der Wirtschaft. Im Vereinigten Königreich, dem Mutterland der Industrialisierung und des modernen Kapitalismus, wurden Unternehmen großflächig verstaatlicht.

**Der klassische Liberalismus hatte im vorangegangenen Jahrhundert zu einem nie dagewesenen Wohlstand und individueller Freiheit großer Bevölkerungsteile geführt, befand sich damals jedoch in einer großen Krise.**

Es wäre auch ganz falsch, von einem monolithischen Block an Neoliberalen auszugehen, die sich von einzelnen Unternehmensinteressen so einfach vereinnahmen lassen könnten. Schon damals zeigten sich größere inhaltliche Differenzen unter den Teilnehmern. Auf der einen Seite angelsächsische Ökonomen mit dem Glauben an die Selbstregulierungsfähigkeit des Marktes, auf der anderen Seite deutsche Vertreter der Freiburger Schule und ihr Ordoliberalismus. Hier die Monetaristen der späteren Chicago School, dort die Vertreter der Österreichischen Schule. Man wird selten zwei Neoliberale finden, die sich nicht in mindestens einem Punkt bis aufs Blut streiten können. Die eine Idee des Neoliberalismus gab es nie.

## Was Neoliberale wirklich wollen

*„Das System des Privateigentums ist die wichtigste Garantie für die Freiheit und zwar nicht nur für diejenigen, die Eigentum besitzen, sondern auch fast ebenso sehr für die, die keines haben."* (Hayek, 2004)

Anders als das Klischeebild in öffentlichen Debatten geht es Neoliberalen nicht um mehr Reichtum für eine kleine Elite auf Kosten der breiten Masse. Ebenso sind die Interessen von Unternehmen keineswegs deckungsgleich mit neoliberalen Positionen. „Pro market" heißt eben nicht „pro business". Zwar ist es unmöglich, den Neoliberalismus auf ein einziges politisches Programm zu reduzieren. Jedoch gibt es über alle Schulen hinweg verbindende Elemente:

**1.** Da wäre zunächst die Betonung der Wichtigkeit von Privateigentum als Grundlage einer Wirtschaftsordnung, welche den freien Austausch von Waren und Dienstleistungen ermöglicht. Nicht nur (bereits) Vermögende profitieren davon. Auch die Freiheit (noch) Mitteltoser ist größer, wenn möglichst viele Menschen zu Eigentum gelangen können und nicht eine Einzelperson oder ein großes Kollektiv die alleinige Verfügungsmacht ausübt. Eine derartige Monopolisierung des Eigentums würde eine totale Abhängigkeit vom Wohlwollen einiger weniger erzeugen. In einer freien Marktwirtschaft muss man dagegen in der Regel nicht lange suchen, um alternative Arbeitgeber, Verkäufer oder Geschäftspartner zu finden.

**2.** Ein weiteres zentrales Element ist der möglichst freie Handel über nationale Grenzen hinweg. Damit verbunden ist ein internationales Regelwerk, um einzelstaatliche Eingriffe, z.B. Enteignungen, Subventionen oder übermäßige Regulierungen, zurückzudrängen. Neoliberale unterstütz(t)en vor diesem Hintergrund Initiativen wie etwa die Einrichtung der Welthandelsorganisation WTO (Slobodian, 2018). Dass Regulierung abnimmt, hilft vor allem neuen und kleinen Marktteilnehmern, die sich gegen alte Branchenriesen durchzusetzen versuchen. Großen Unternehmen kommt eine Vielzahl an Regulierungen durchaus gelegen (oft genug lobbyieren sie entsprechend dafür), hält diese ihnen doch lästige Konkurrenz durch neue Mitbewerber vom Leib.

**3.** Schließlich unterstützen Neoliberale sämtliche Einrichtungen zur Sicherung des Wettbewerbs. Wenngleich sich im Detail die Geister spalten. Manche sehen den Staat in einer aktiveren Rolle (Ordoliberalismus, Freiburger Schule), andere meinen, der Markt könne sich großteils allein regulieren (angelsächsische Tradition). Wiederum ist es nicht zwingend im Interesse großer marktbeherrschender Unternehmen, dass Wettbewerbsbeschränkungen wie Preisabsprachen oder die Aufteilung von Märkten unterbunden werden. Es sind vor allem kleinere Mitbewerber und Konsumenten, die von einer Zurückdrängung dieser Praktiken profitieren.

Der Neoliberalismus stellt die Freiheit des Individuums ins ideelle Zentrum. Weder Staaten noch mächtige private Akteure sollen der freien Entfaltung des Einzelnen im Wege stehen. Nicht zuletzt, da sie die Grundlage für Fortschritt und steigenden Wohlstand für immer mehr Menschen ist. Dieser Idee sind Neoliberale verpflichtet.

# #9

---

# „Die Armen werden immer ärmer."

---

Die Kluft zwischen Arm und Reich
wird mit jedem Jahr größer.
Immer mehr Menschen sind arm.
Die Superreichen müssen gezwungen
werden, etwas herzugeben, um den
Bedürftigen zu helfen.

---

## REALITÄT

Die Einkommensungleichheit ist
in Österreich besonders niedrig.
Es stimmt auch nicht, dass die
Schere zwischen Arm und Reich
aufgeht. Wirklich bedürftig
sind 2,3 Prozent der Menschen —
weniger als noch vor zehn Jahren.

**Hanno Lorenz**

# Die Armen werden immer ärmer.

Österreich erlebte im Vorjahr einen Boom. Die Wirtschaft wuchs preisbereinigt um fast fünf Prozent, die Arbeitslosenquote ist auf einem erfreulich niedrigen Niveau. Dennoch hat sich im Land die Überzeugung durchgesetzt, dass es mit den guten Zeiten erst einmal vorbei sei. Viele Menschen haben das Gefühl, wirtschaftlich abgehängt zu werden. Hilfsorganisationen berichten von Gedränge um leistbare Lebensmittel und von Familien, die kaum noch eine warme Mahlzeit am Tag finanzieren können. Angeblich führt die enorme Teuerung bis hinauf in den Mittelstand zu existenziellen Sorgen. In Salzburg erreichten die Kommunisten bei der Landtagswahl mit dem Thema Wohnen ein Sensationsergebnis. Ist es also wahr, dass die Lage immer schlimmer und die Armut immer drückender wird, wie so oft behauptet wird?

# Wir rechnen uns arm

Statistisch ist die Zahl der Menschen in prekären Verhältnissen seit Ausbruch der Pandemie tatsächlich gestiegen. Im Jahr 2022 galten 1,3 Millionen Menschen in Österreich als armutsgefährdet; das ist in Relation zur Bevölkerung der zweithöchste Wert seit 2008. Damit liegt Österreich zwar besser als der EU-Schnitt und sogar besser als Schweden, aber das dürfte nur ein kleiner Trost sein. Obwohl wir Milliardensummen an Hilfsgeldern ausgegeben haben, der Staat zuletzt knapp 134 Milliarden Euro pro Jahr für Soziales zur Verfügung stellte und die Wirtschaft bis vor kurzem brummte, gilt mehr als jeder sechste Bürger als armutsgefährdet. Wie ist das möglich, wenn zugleich der allgemeine Wohlstand zunahm?

Eine Antwort darauf findet sich in der Definition der Armutsgefährdung selbst. Nach dieser Statistik gilt man als armutsgefährdet, wenn man weniger als 60 Prozent des mittleren Einkommens[6] zur Verfügung hat. Im Jahr 2022 lag diese Grenze in Österreich für einen Single monatlich bei 1.392 Euro netto (Jahreszwölftel nach Steuern und Transferleistungen). Ein großer Teil der Studenten gilt folglich als armutsgefährdet – obwohl das nur wenige so empfinden werden. Der Grenzwert wurde dabei willkürlich gewählt; es gibt keine wissenschaftliche Grundlage dafür. Die Organisation für wirtschaftliche

Zusammenarbeit und Entwicklung (OECD) setzt den Wert beispielsweise bei 50 Prozent des mittleren Einkommens an. Die Armut, von der wir in Entwicklungsländern reden, wird ohnehin in absoluten Beträgen und nicht relativ zu anderen Bevölkerungsschichten definiert.

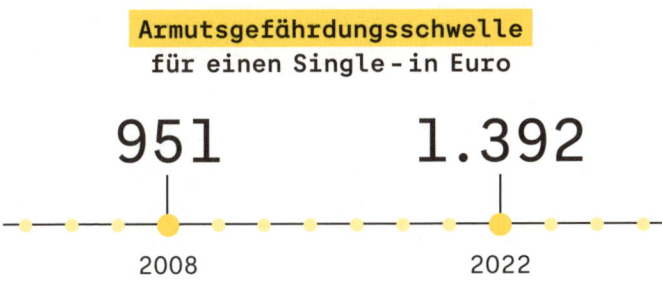

**Armutsgefährdungsschwelle**
für einen Single – in Euro

951                    1.392

2008                    2022

Armut und Armutsgefährdung anhand von relativen Einkommensschwellen zu definieren, hat seine Tücken. Ein konkretes Beispiel: Die Armutsgefährdungsquote in Irland sank während der Finanzkrise. Warum? Weil viele Menschen arbeitslos wurden und damit Einkommen verloren. Mittlere Einkommen gingen stärker zurück als niedrige. Insgesamt wurden viele Menschen ärmer, doch die Armutsgefährdung verringerte sich. Steigt dagegen ein Teil der Löhne und Gehälter in der Hochkonjunktur besonders stark, gibt es statistisch mehr Armutsgefährdete. Auch der Trend zu kleineren Haushalten oder zur Teilzeitarbeit sowie Migration spielen bei dieser Berechnung eine wichtige Rolle.

In Österreich ist die Schwelle, ab der man als armutsgefährdet gilt, seit 2008 um 43 Prozent gestiegen und damit schneller als die Preise, die im selben Zeitraum um 37 Prozent zulegten. Allein in den letzten zehn Jahren wuchs der Grenzwert um 28 Prozent; bei einem gleichzeitigen Anstieg der Preise um 26 Prozent. Sowohl reiche als auch ärmere Menschen wurden in dieser Zeit tendenziell wohlhabender und können sich mehr leisten als in der Vergangenheit. Dass die Gesellschaft auseinanderdriftet, wie oftmals behauptet wird, lässt sich mit Zahlen nicht untermauern: Der Anteil der Einkommen, der auf das ärmste Einkommenszehntel entfällt, liegt seit 2008 durchgehend bei rund drei Prozent. Ähnliches gilt für das einkommensstärkste Zehntel, auf das – ebenfalls seit Jahren annähernd gleichbleibend – rund 22 Prozent der Einkünfte entfallen. Der österreichische Gini-Koeffizient[7] (eine gängige Maßzahl zur Messung der Ungleichheit) gehört nicht nur zu den niedrigsten in der EU, auch er ist seit Jahren stabil.

**Der Gini-Koeffizient**

0 ⟵⟶ 1

alle erhalten das
gleiche Einkommen =
geringe Ungleichheit

einer erhält alle
Einkommen =
hohe Ungleichheit

# Gesellschaftliche Teilhabe

Wesentlich aussagekräftiger als die Armutsgefährdung ist eine andere Kennzahl, die stärker auf individuelle Möglichkeiten und Entbehrungen abstellt und weniger auf den statistischen Vergleich mit anderen. Die Rede ist von der „erheblichen materiellen und sozialen Deprivation"[8]. Sie misst am ehesten das, was landläufig unter Armut verstanden wird. In Umfragen wird etwa ermittelt, wer sich keinen Urlaub leisten kann oder Schwierigkeiten hat, einen kaputten Kühlschrank zu ersetzen.

**Sowohl reiche als auch ärmere Menschen wurden in den letzten zehn Jahren tendenziell wohlhabender und können sich mehr leisten als in der Vergangenheit.**

Materiell Benachteiligte können nicht adäquat am gesellschaftlichen Leben teilhaben. Diese Definition ist deutlich strenger und trifft auf viel weniger Menschen im Land zu. Im Vorjahr galten 201.000 Menschen in Österreich als erheblich materiell depriviert, das sind 2,3 Prozent der Bürger. Dieser Wert ist gegenüber 2021 zwar gestiegen, ist allerdings noch immer niedriger als vor der Corona-Krise. Im internationalen Vergleich hält Österreich seit Jahren einen Spitzenplatz: Im Jahr 2022 hatten wir die fünftniedrigste Quote in der EU, im Vorjahr lagen wir sogar Rang drei. Es gibt also keinen Grund, unseren Sozialstaat schlecht zu reden. Was gemeinhin unter Armut verstanden wird, verhindert dieses System fast zur Gänze. Nicht einmal die Corona-Krise hat dazu geführt, dass sich Armut ausbreiten konnte (Christl et al., 2022). Der österreichische Sozialstaat kostet sehr viel Geld, aber er leistet auch einiges.

## Bist du reich, weil ich arm bin?

Mehr Geld für den Sozialstaat würde die Armut in Österreich endgültig besiegen, heißt es oft. Und die Mittel dafür sollte man sich am besten von „den Reichen" holen – idealerweise über Vermögensteuern. Dabei wird unterstellt, dass es nur deshalb Reiche gibt, weil andere arm sind. Oder dass Menschen nur deshalb arm sind, weil andere zu viel Geld haben. Hinter dieser Behauptung steht die Idee, die Volkswirtschaft wäre eine Art Kuchen mit fixer Größe, dessen Stücke man nur anders verteilen müsste. Dabei ist es der größte Erfolg von Kapitalismus und Globalisierung, dass der Kuchen immer weiter wächst. Es stimmt, manche Leute wurden in diesem System unvorstellbar reich. Doch zugleich wurden weltweit Milliarden Menschen aus bitterster Armut gehoben. Auch in Österreich werden die Tortenstücke für alle größer. Armutsgefährdung komplett zu beseitigen ist schon aufgrund der Definition unmöglich. Es wird immer Menschen geben, die weniger als der Median haben.

**Es gibt keinen Grund, unseren Sozialstaat schlecht zu reden. Was gemeinhin unter Armut verstanden wird, verhindert dieses System fast zur Gänze. Der österreichische Sozialstaat kostet sehr viel Geld, aber er leistet auch einiges.**

Würden wir alle Sozialleistungen so weit anheben, dass es statistisch keine Armutsgefährdung mehr gäbe, würde sich für viele Menschen das Arbeiten nicht mehr lohnen. In der Folge müssten (wo es möglich ist) die Löhne und Gehälter steigen, was neuerlich dazu führen würde, dass einige unter die (dann viel höhere) Armutsgefährdungsschwelle fallen. Es ist ein Teufelskreis, aus dem es kein Entrinnen gibt. Wo höhere Löhne nicht tragfähig sind, steigt die Arbeitslosigkeit und der Wohlstand sinkt.

## Helfen Vermögensteuern die Gesellschaft zu kitten?

Nur wenige Länder der westlichen Welt heben Vermögensteuern ein. Dafür gibt es gute Gründe: Die negativen Auswirkungen wiegen oft schwerer als die Einnahmen, die sie erzielen. Anders formuliert: Vermögensteuern bringen bei weitem nicht so viel zusätzliches Geld für den Staat, wie von Befürwortern gerne behauptet wird, und die Einhebung ist unglaublich kompliziert. Von einer solchen Steuer betroffen wären zudem nur wenige reiche Menschen, die ihr Vermögen in andere Länder verschieben könnten. Auch der einstige SPÖ-Finanzminister Ferdinand Lacina erkannte diese Schwierigkeiten: Die von ihm Mitte der 1990er-Jahre abgeschaffte Vermögensteuer in Österreich hatte einen sehr geringen Ertrag gebracht, der fast ausschließlich von Unternehmen gezahlt wurde und eine reine Substanzbesteuerung war – unabhängig von den finanziellen Möglichkeiten des Unternehmens. Studien zeigen, dass höhere Steuern für Unternehmen am Ende auch zu niedrigeren Löhnen führen (Fuest et al., 2018), da Unternehmen versuchen werden, die Steuerlast weiterzugeben. Je schwächer die Verhandlungsposition der Arbeitnehmer, desto stärker wirkt sich das auf ihren Lohn aus. Das betrifft vor allem jüngere Arbeitnehmer, Frauen und Geringqualifizierte. Es gibt keine validen Daten, die auf ein wirtschaftliches Auseinanderdriften der österreichischen Gesellschaft hindeuten würden. Sowohl die Verteilung der Einkommen als auch jene der Vermögen (sofern es dafür Daten gibt) bleiben stabil. Die Armen werden in Österreich nicht ärmer, der Sozialstaat funktioniert. Einwenden kann man aber, dass dieser Sozialstaat sehr viel Geld kostet, vielleicht zu viel. Statt der Bevölkerung immer mehr

Geld aus der Tasche zu ziehen, sollte die Politik Anreize setzen, damit sich Arbeit wieder lohnt.

**Es gibt keine validen Daten, die auf ein wirtschaftliches Auseinanderdriften der österreichischen Gesellschaft hindeuten würden. Sowohl die Verteilung der Einkommen als auch jene der Vermögen bleiben stabil.**

Es ist ein Warnsignal, dass die Teilzeit ausgerechnet jetzt einen Boom erlebt – inmitten der größten Teuerungswelle seit Jahrzehnten. Der Staat kann nicht für Wohlstand sorgen, nur die Bürger können das. Und mit den erwirtschafteten Vermögen werden wir weiterhin jene Menschen unterstützen, die wirklich bedürftig sind.

# #10

---

# „Bildung wird vererbt."

---

Arbeiterkinder werden vom System
benachteiligt und haben kaum Chancen
auf einen Universitätsabschluss.
Das Elternhaus zementiert den
sozialen Status. Der Lebensweg ist
vorherbestimmt.

---

**REALITÄT**

Die Bildungsmobilität in
Österreich zählt zu den höchsten
Europas. Fast die Hälfte der
Studierenden kommt nicht aus
Akademikerhaushalten. Aufstieg
ist also möglich – und wird vom
Staat entsprechend gefördert.

## Carmen Treml

# Bildung wird vererbt.

Andreas Babler, der neue SPÖ-Chef, ist ein Arbeiterkind. Er begann seine berufliche Laufbahn als Lagerarbeiter und (ungelernter) Maschinenschlosser. Über den zweiten Bildungsweg wurde aus Babler schließlich doch noch ein Akademiker; er studierte Politische Kommunikation in Krems. Auch Bablers Vorgängerin im Amt, Pamela Rendi-Wagner, stammt aus bescheidenen Verhältnissen. Ihre alleinerziehende Mutter war Kindergärtnerin, die Familie wohnte im Gemeindebau. Doch Pamela Wagner (wie sie damals noch hieß) machte Matura und absolvierte ein Medizinstudium.

Gerade in der Politik gibt es viele ähnliche Beispiele. Man muss in Österreich offenbar nicht in einem wohlhabenden Akademikerhaushalt aufgewachsen sein, um eine beachtliche (Bildungs-)Karriere zu machen. Dennoch hält sich hartnäckig der Vorwurf, dass Bildung in erster Linie vererbt werde und Kinder aus armen Familien kaum eine Chance hätten. Erst vor kurzem befeuerte die PIRLS-Studie[9] diese Debatte erneut. Sind also

Babler, Rendi-Wagner und die anderen die berühmten Ausnahmen von der Regel? War es früher einfacher, die Herkunft hinter sich zu lassen und aus eigener Kraft durchzustarten? Oder ist die Wahrheit wie so oft ein wenig komplizierter (und vielleicht sogar erfreulicher) als die ideologisch gefärbte Theorie?

Natürlich spielen der soziale Status und die Ausbildung der Eltern eine entscheidende Rolle für den weiteren Lebens- und Bildungsweg der Kinder. Manche Unterschiede kann das beste Sozialsystem nicht ausmerzen. Es geht dabei keineswegs nur um die finanzielle Ausgangslage. Noch wichtiger sind Rahmenbedingungen wie der Stellenwert von Bildung in einer Familie, die Möglichkeiten der Eltern, ihren Kindern bei schwierigem Lernstoff zu helfen, und nicht zuletzt auch die Erwartungshaltung dem Nachwuchs gegenüber. Wenn Mama und Papa studiert haben, werden sie auch bei den Kindern auf einen höheren Abschluss drängen und alles tun, um Schwierigkeiten aus dem Weg zu räumen.

## Die Aufstiegschancen sind in Österreich besonders hoch

Dennoch stimmt es nicht, dass Arbeiterkinder vom System benachteiligt würden und kaum eine Chance hätten, wie oft suggeriert wird. Wahr ist, dass die

Bildungsmobilität in Österreich zu den höchsten Europas zählt. Nur wenige Länder bieten so viele Optionen und flexible Weiterbildungsangebote. So gibt es etwa verschiedenste duale Ausbildungswege für Lehrlinge. Wer in der Jugend Abschlüsse versäumt hat, kann diese mit Kollegs und Aufbaulehrgängen nachholen. Der Staat unterstützt das durch die Bildungskarenz.

Der gegenteilige Eindruck entsteht häufig durch statistische Unschärfen: Bei einem Vergleich des österreichischen Systems mit anderen Ländern wird üblicherweise die Dreigliederung der sogenannten ISCED-Methodik[10] in niedrigere, mittlere und höhere Bildung verwendet. Dieses grobe Raster vernachlässigt jedoch die hohe Komplexität des österreichischen Bildungswesens. Gerade im mittleren Bereich werden viele Abschlüsse, die sich grundlegend voneinander unterscheiden, in einer einzigen Kategorie zusammengefasst. Haben die Eltern beispielsweise eine Handelsschule (ohne Matura) und die Tochter eine AHS abgeschlossen, gilt das in den meisten Auswertungen nicht als Bildungsaufstieg, obwohl es objektiv natürlich einer ist. Auch die unterschiedliche Ausbildungsdauer kann das Bild verfälschen. Einen Bachelortitel erhalten Studierende in Österreich durchschnittlich mit 24, einen Masterabschluss mit 27 Jahren. Das ist im internationalen Vergleich eher spät. Nimmt das Sample einer Studie darauf keine Rücksicht, stimmen die Ergebnisse nicht.

# Österreich hat viele Studierende aus bildungsfernen Haushalten

Im Rahmen des EUROSTUDENT-Projekts wurden in 26 Ländern mit einem relativ guten Ausbildungssystem Daten zum sozialen und finanziellen Hintergrund, zu den Bildungswegen, Abschlüssen sowie Weiterbildungsaktivitäten der Studierenden erhoben. Demnach haben in Österreich zwar knapp 40 Prozent der Studierenden zumindest einen Elternteil, der über einen akademischen Titel verfügt. Jeder zweite Studierende hat aber Eltern ohne höheren Abschluss. Bei den übrigen haben zumindest Vater oder Mutter einen höheren, aber nicht universitären Ausbildungsweg abgeschlossen. In einem internationalen Ranking nach dem Anteil an Studierenden aus bildungsfernen Haushalten reiht sich Österreich auf Platz sechs ein. Deutschland, Dänemark und Norwegen liegen deutlich dahinter.

Es entspricht also nicht der Realität, dass nur Akademikerkinder an der Uni Erfolg haben. Ein Problem gibt es allerdings: Wenn beide Eltern lediglich einen Pflichtschulabschluss haben, schaffen es die Kinder sehr selten auf eine Universität. Doch auch hier schadet es nicht, den Blick aufs Ganze zu wahren: Das Bildungsniveau in Österreich ist auf einem so hohen Level, dass immer weniger Menschen ihre schulische Karriere schon nach der Pflichtschule beenden. Es geht also letztlich um eine sehr kleine Gruppe von Betroffenen.

**Es entspricht also nicht der Realität, dass nur Akademikerkinder an der Uni Erfolg haben.**

Auch der Anteil der Personen, die eine Lehre absolvieren – per Definition ein niedriger Bildungsabschluss – ist rückläufig. Beträchtlich gestiegen ist hingegen die Zahl der Hochschulabsolventen. Insgesamt weisen jüngere Österreicher im Schnitt ein deutlich höheres Bildungsniveau auf als ältere. Der Unterschied ist mütterlicherseits meist deutlich stärker ausgeprägt. Frauen konnten in den letzten Jahren stark aufholen, an den Universitäten ist mehr als die Hälfte der Studienanfänger weiblich.

## Warum Österreich in Rankings oft nur Mittelmaß ist

Dennoch ist im heimischen Bildungswesen nicht alles eitel Sonnenschein. Beispielsweise gelingt es oft nicht, Talente junger Menschen aus bildungsfernen Haushalten zu erkennen und zu fördern. In keinem anderen EU-Land ist der Anteil an benachteiligten Schülern, welche die öffentliche Unterstützung als ungenügend einschätzen, so groß wie in Österreich. Trotz hoher Ausgaben schneidet Österreich in zahlreichen Bildungsrankings nur mittelmäßig ab, wie etwa bei PISA (Programme for International Student Assessment). Zudem lässt sich seit der Pandemie ein erheblicher Leistungsabfall beobachten.

Reformen wären vor allem in der Elementarbildung wichtig. Die Bildungsrendite ist in diesem Bereich am größten. Je früher Lern- und Sprachdefizite erkannt werden, desto eher besteht die Möglichkeit, geeignete Fördermaßnahmen zu setzen. Die Integration von Kindern aus migrantischen Milieus sowie die soziale Mobilität insgesamt könnten durch nachhaltige Bildungsmaßnahmen unterstützt werden. Finanzielle Mittel sollten folglich in erster Linie an Krippen, Kindergärten und Schulen mit einem hohen Anteil an Schülern aus bildungsschwachen Haushalten gelenkt werden. Eine detaillierte Datenlage über die Zusammensetzung der Schüler an einzelnen Standorten wäre eine Grundvoraussetzung, um den Förderbedarf zu erheben und die Bildungsmobilität zu erforschen.

**Reformen wären vor allem in der Elementarbildung wichtig. Die Bildungsrendite ist in diesem Bereich am größten.**

Eine gute Ausbildung ist der Schlüssel für eine erfolgreiche Zukunft, darin sind sich alle einig. Es fragt sich bloß, was daraus folgt. Öffentliches Wehklagen über die angeblich geringen Aufstiegschancen hilft niemandem. Die genannten Reformen könnten dagegen sehr viel bringen – und zwar nicht nur den Bablers von heute.

# Anhang

## Die Autor:innen

**Marcell Göttert**, Ökonom, forscht seit Sommer 2021 für die Agenda Austria. Sein Fachgebiet sind die öffentlichen Finanzen. Vor dem Umzug nach Wien arbeitete er beim ifo Institut in München. Marcell ist leidenschaftlicher Sportler – und zwar sowohl aktiv (Laufen, Kraftkammer) als auch passiv (so gut wie alle Skirennen und Tennismatches).

**Christoph Hofer**, Jurist, verstärkt das Team der Agenda Austria seit März 2022. Er kümmert sich um digitale Kommunikation, rechtliche Fragen und den Draht zur Jugend. Christoph geht gerne bouldern, spielt Schach und ist (leidensfähiger) Rapid-Fan. Seine Beherrschung verliert er nur, wenn er eine Katze sieht; er muss jede sofort streicheln.

**Jan Kluge**, Ökonom, kam im April 2022 zur Agenda Austria und ist für die Bereiche Wirtschaftsstandort, Klima sowie Digitalisierung zuständig. Seine vorherigen beruflichen Stationen: ifo Institut und IHS, wo er als Senior Researcher tätig war. Jan unterrichtet an der TH in Deggendorf, läuft gerne zügig durch den Prater und freut sich, weil die Österreicher seinen sächsischen Dialekt nicht bemerken.

**Dénes Kucsera**, Ökonom und Finanzmathematiker, forscht schon seit 2013 für die Agenda Austria. Seine Fachbereiche sind Arbeitsmarkt, Pensionen und Steuern. Im Jahr 2015 erhielt er den „Young Economist Award" der Nationalökonomischen Gesellschaft. Dass Wissenschaftler zwei linke Hände haben, gilt für Dénes nicht: Er bäckt und kocht sehr gerne und gilt als Heimwerkerkönig.

**Hanno Lorenz**, Ökonom, kam 2013 zur Agenda Austria und ist seit 2020 stellvertretender Direktor. Seine Fachgebiete sind Arbeitsmarkt, Armut und Verteilung sowie Bildung und Digitalisierung. Zu seinen vorherigen beruflichen Stationen gehörte unter anderem die Oesterreichische Nationalbank. Hanno lehrt am Raiffeisencampus, ist Kaffee- und Lakritzjunkie und Katzenmensch. Letzteres weiß zum Glück sein Hund nicht.

**Carmen Treml**, Ökonomin, ist seit Oktober 2022 bei der Agenda Austria. Ihre Forschungsschwerpunkte sind die Bereiche Verteilung und Bildung. Carmen ist ein Bergfex und verbringt ihre Freizeit am liebsten auf oberösterreichischen Gipfeln. Außerdem spielt sie Querflöte in der Blasmusikkapelle ihrer Heimatgemeinde.

# Anmerkungen

[1]  Agenda Austria (2019). Österreich hat die dritthöchste Staatsquote in der EU. Online verfügbar unter: https://www.agenda-austria.at/grafiken/oesterreich-hat-die-dritthoechste-staatsquote-in-der-eu/ (abgerufen am 19.07.2023).

[2]  Moment Magazin (2020). Stephan Schulmeister: „Diese Krise ist das Ende des Neoliberalismus". Online verfügbar unter: https://www.moment.at/story/stephan-schulmeister-diese-krise-ist-das-ende-des-neo-liberalismus (abgerufen am 19.07.2023).

[3]  Die Presse (2023). FPÖ protestiert gegen die Selenskij-Rede, leere Plätze bei der SPÖ. Online verfügbar unter: https://www.diepresse.com/6269820/fpoe-protestiert-gegen-selenskij-rede-leere-plaetze-bei-spoe (abgerufen am 19.07.2023).

[4]  Neue Zürcher Zeitung (2018). Das neoliberale Projekt. Online verfügbar unter: https://www.nzz.ch/wirtschaft/das-neoliberale-projekt-ld.1402855 (abgerufen am 19.07.2023).

[5]  Deutschlandfunk (2021). Ein Gespenst geht um die Welt. Online verfügbar unter: https://www.deutsch-

landfunkkultur.de/die-geschichte-des-neoliberalis-mus-100.html#Pelerin (abgerufen am 19.07.2023).

[6] Das mittlere Einkommen (Medianeinkommen) ist jenes, an dem 50 Prozent der Haushalte weniger und 50 Prozent der Haushalte mehr verdienen. Betrachtet wird das verfügbare Einkommen auf Haushaltsebene (bereinigt um die Haushaltsgröße), also nach Steuern und Transferleistungen.

[7] Der Gini-Koeffizient nimmt einen Wert zwischen null (alle erhalten das gleiche Einkommen = geringe Ungleichheit) und eins (einer erhält alle Einkommen = hohe Ungleichheit) an.

[8] Als erheblich materiell und sozial benachteiligt gilt nach EU-Definition, wer sich mindestens sieben von 13 Merkmalen und Aktivitäten des täglichen Lebens nicht leisten kann.

[9] Die Progress in International Reading Literacy Study (PIRLS) ist eine internationale Studie zur Leseleistung von 9- bis 10-Jährigen. Sie wird seit 2001 alle fünf Jahre von der der IEA (International Association for the Evaluation of Educational Achievement) durchgeführt.

[10] ISCED (International Standard Classification of Education) ist die von der UNESCO international standar-

disierte Klassifikation des Bildungswesens. Die Stufen reichen von frühkindlicher Bildung (ISCED 0) bis zu einem Doktoratsabschluss (ISCED 8).

# Literaturverzeichnis

**Arntz, M., Gregory, T., Zierahn, U. (2017).** Revisiting the risk of automation. Economics Letters 159, 157–160.

**Anderson, J. E., Yotov, Y. V. (2016).** Terms of trade and global efficiency effects of free trade agreements, 1990—2002. Journal of International Economics 99, 279–298.

**Banerjee, A. V., Duflo, E. (2007).** The Economic Lives of the Poor. Journal of Economic Perspectives 21 (1), 141–167.

**Bernanke, B. S. (1983).** Irreversibility, Uncertainty, and Cyclical Investment. The Quarterly Journal of Economics 98 (1), 85–106.

**Bjørnskov, C. (2016).** Economic freedom and economic crises. European Journal of Political Economy 45, 11–23.

**Breuss, F. (2020).** Makroökonomische Effekte der 25-jährigen EU-Mitgliedschaft Österreichs. Monetary Policy & The Economy Q1-Q2/20, 27–48.

**Brooks, A. S., Yellen, J. E., Potts, R., Behrensmeyer, A. K., Deino, A. L., Leslie, D. E., Ambrose, S. H., Ferguson, J. R., d'Errico, F., Zipkin, A. M., Whittaker, S., Post, J., Veatch, E. G., Foecke, K., Clark, J. B. (2018).** Long-distance stone transport and pigment use in the earliest Middle Stone Age. Science 360 (6384), 90–94.

**Calel, R., Dechezleprêtre, A. (2016).** Environmental policy and directed technological change: Evidence from the European carbon market. Review of Economics and Statistics 98 (1), 173–191.

**Christl, M., De Poli, S., Kucsera, D., Lorenz, H. (2022).** COVID-19 and (gender) inequality in income: the impact of discretionary policy measures in Austria. Swiss Journal of Economics and Statistics 158 (1), 4.

**Europäische Union (2022).** Die Ansichten der Europäer zu den Prioritäten der Europäischen Union. Standard-Eurobarometer 97 – Sommer 2022. Online verfügbar unter: https://europa.eu/eurobarometer/ surveys/detail/2693 (abgerufen am 19.07.2023).

**Flach, L., Teti, F., Baur, A., Gourevich, I. (2022).** Die Internationalisierungsoffensive go-international im internationalen Vergleich. Studie im Auftrag des Bundesministeriums für Digitalisierung und Wirtschaftsstandort der Republik Österreich. Online verfügbar unter: https://www.go-international.at/ifo-studie-go-international.pdf (abgerufen am 19.07.2023).

**Frey, C. B., Osborne, M. (2013).** The future of employment. Online verfügbar unter: https://www.oxfordmartin.ox.ac.uk/publications/the-future-of-employment/ (abgerufen am 19.07.2023).

**Fuest, C., Peichl, A., Siegloch, S. (2018).** Do higher corporate taxes reduce wages? Micro evidence from Germany. American Economic Review 108 (2), 393–418.

**Hayek, F. A. (2004).** Der Weg zur Knechtschaft (Bd. 1). Tübingen: Mohr Siebeck.

**Hazlitt, H. (1978).** Economics in One lesson. Westport, Conn.: Arlington.

**Keynes, J. M. (1930).** Economic possibilities for our grandchildren. In: Essays in persuasion. London: Palgrave Macmillan. S. 321–332.

**Lorenz, H., Stephany, F., Kluge, J. (2023).** The future of employment revisited: how model selection affects digitization risks. Empirica 50, S. 323–350.

**Oberhofer, H., Streicher, G. (2019).** Die Handelseffekte der österreichischen EU-Mitgliedschaft 25 Jahre nach der Volksabstimmung. FIW – Research Reports. Wien: WIFO. Online verfügbar unter: https://fiw.ac.at/fileadmin/Documents/Publikationen/Studien_2018/Handelseffekte_25JahreEU_final.pdf (abgerufen am 19.07.2023).

**Plumpe, W. (2011).** Wirtschaftskrisen – Geschichte und Gegenwart. 2. Auflage. München: C.H. Beck.

**PWC (2023).** Chancen und Ängste der Österreicher:innen. ChatGPT & Künstliche Intelligenz. Online verfügbar unter: https://www.pwc.at/de/dienstleistungen/unternehmensberatung/consulting/chat-gpt.html (abgerufen am 19.07.2023).

**Slobodian, Q. (2018).** Globalists: The end of empire and the birth of neoliberalism. Cambridge, MA / London: Harvard University Press.

# Impressum

**Herausgeber**
Agenda Austria,
Vereinigung für wissenschaftlichen Dialog
und gesellschaftliche Erneuerung, Wien.

Franz Schellhorn
September 2023

**Redaktion & Koordination** Jean-Pierre Bednar
**Konzept und Gestaltung** Rosebud
**Illustrationen** Alexander Glandien
**Lektorat** Judith Kreiner

**Erschienen bei** VfmK Verlag für moderne Kunst GmbH
Schwedenplatz 2/24, A-1010 Wien/Vienna
hello@vfmk.org, www.vfmk.org

**Gedruckt in** Österreich,
Schmidbauer GmbH, Wiener Straße 103,
7400 Oberwart
ISBN 978-3-99153-041-1

## Bibliografische Information der Deutschen Nationalbibliothek

Die Deutsche Nationalbibliothek verzeichnet diese Publikation in der Deutschen Nationalbibliografie; detaillierte bibliografische Daten sind im Internet über http://www.dnb.de abrufbar.

## Bibliographic information published by the Deutsche Nationalbibliothek

The Deutsche Nationalbibliothek lists this publication in the Deutsche Nationalbibliografie; detailed bibliographic data are available on the Internet at http://www.dnb.de.

## Vertrieb / Distribution
Europa / Europe: LKG, www.lkg-va.de
UK: Cornerhouse Publications,
www.cornerhousepublications.org
USA: D.A.P., www.artbook.com